FUN THINGS TO DO WHILE YOU POO
by Professor Poo-zzles

Published by and copyright ©Professor Poo-zzles
professor.poozzles@gmail.com

All rights reserved. No part of this publication may be copied, distributed, stored, transmitted or reproduced without the prior written permission of the publisher.

Nothing to do while you're doing your business? We've all been there.

Once you've read all the shampoo bottles within arms' reach, you find yourself looking for wiser ways to spend your time. And depending on how much roughage you've eaten this week, you may find yourself with more time to kill than usual.

Enter Professor Poo-zzles, and this handy book of activities to help bust your bathroom boredom. It's packed with puzzles to make you think, make you laugh and help you pass the time while you pass a movement.

Each puzzle page has a full set of instructions, and there are solutions at the back if you want to check your progress. Or you could just wait until you finish, then take a look to check how you've done – with the puzzles, obviously.

In theory, all of these puzzles can be solved in your head, but – like the old joke about the constipated mathematician – sometimes it's easier to work it out with a pencil.

Happy solving!

1 Turdsearch

Can you clean up this mess, and find each of these names for toilets floating in the grid opposite? Words are written in straight lines and may read in any direction, including diagonally.

BOG	LAVATORY
CAN	LOO
DUNNY	NETTY
FACILITIES	POT
GENTS	PRIVY
HEAD	THRONE
JOHN	TOILET
LADIES	WASHROOM
LATRINE	

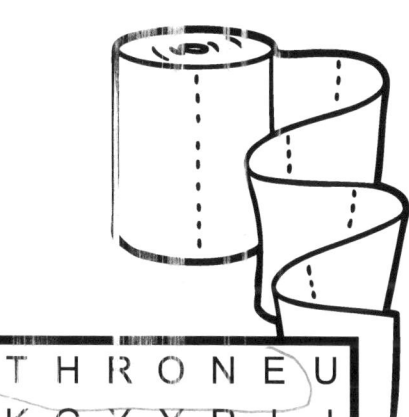

```
I N D R Z A T X B N T H R O N E U
Q A Y Q S C O E Z O K G X Y R I J
N C K U S T W M I B W I O H Q J V
J H X Z M W N L U Z G I I J P B F
E E O B Y B E E F G P R M U U A G
P D E J B T X X G C D F T F C O O
R M A I Q K Z X J D X E Z I B R C
I Y U M N M V U L D V I L Y P O T
V N E T T Y G S R J Y I L N Y M H
Y U G R E B G M W R T D A N G E E
N K F O O K X T O I V H D U A K N
J C H A I V Y U E O N I I D O W I
Y S K H J R D S X D R X E R U R R
M Y R O T A V A L I D H S P Q X T
R H Y C I E R H L Z R W S N Y T A
Q E G R T D J B L O J I T A H A L
P B O R I V V M G C O H K Z W C E
```

2 Floaters

How many words of three letters or more can you form from the letters floating in the toilet below?

All words must use the central letter, and no letter can be used more times than it appears.

There's one toilet-related word which uses all of the letters. What is it?

Drop and Plop 3

Help the word at the top drop all the way to the word at the bottom. Complete its downward journey by writing one word into each gap.

Each word must use the same letters as the word directly above it, but with one letter changed. None of the letters should change order.

For example, POO > LOO > LOG > BOG

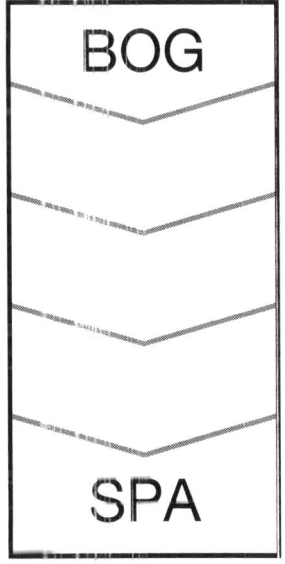

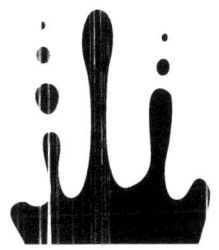

4. Thinking Time

Test your lavatorial knowledge by answering the following question:

Which language does the word 'toilet' come from?

a. French

b. Portuguese

c. Japanese

d. Swahili

Can-agrams 5

Can you rearrange the letters below to reveal a toilet-related phrase?

HA! NARROWEST FLATULENCE

(6, 3, 4, 2, 6)

6 Spot the Difference

Seeing as you have time on your hands, can you spot five differences between the bathroom scene on this page and the one opposite?

7. N° 2 Poo-doku

Place each of the numbers 1 to 9 once each into every row, column and bold-lined box. Every pair of numbers separated by a grey poo has a difference of exactly 2 – so 1 and 3, for example. If there is no grey poo between numbers, the rule does not apply.

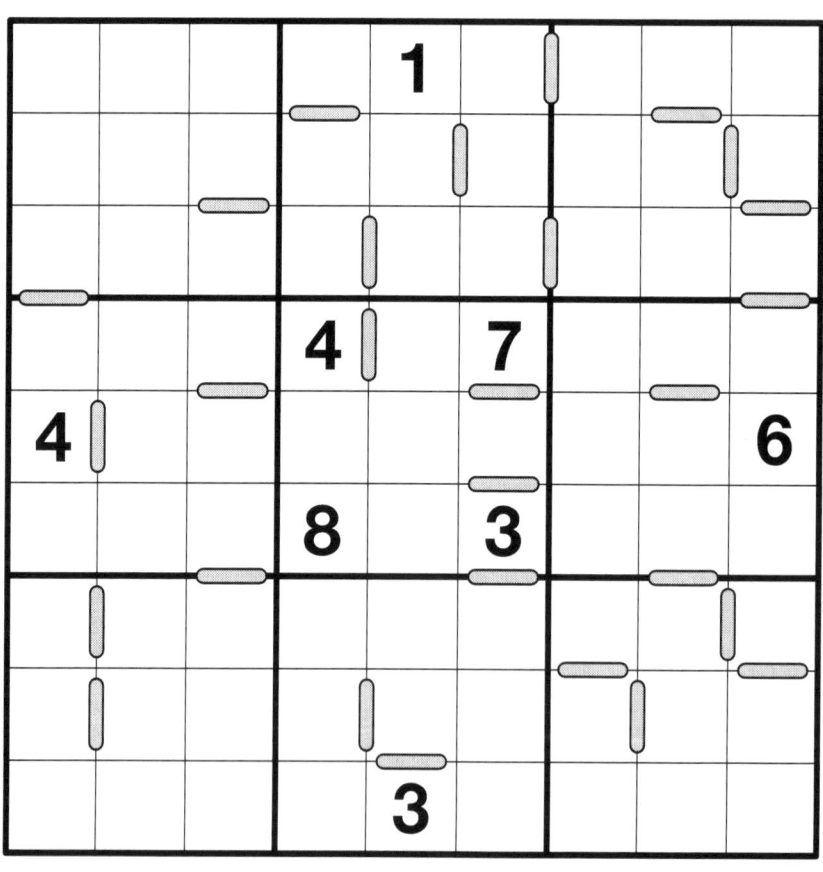

Flushed Away — 8

Can you help this poo find its way to the drain at the centre of the toilet bowl? Draw a path from the poo to the middle of the circle, which doesn't cross or go back on itself.

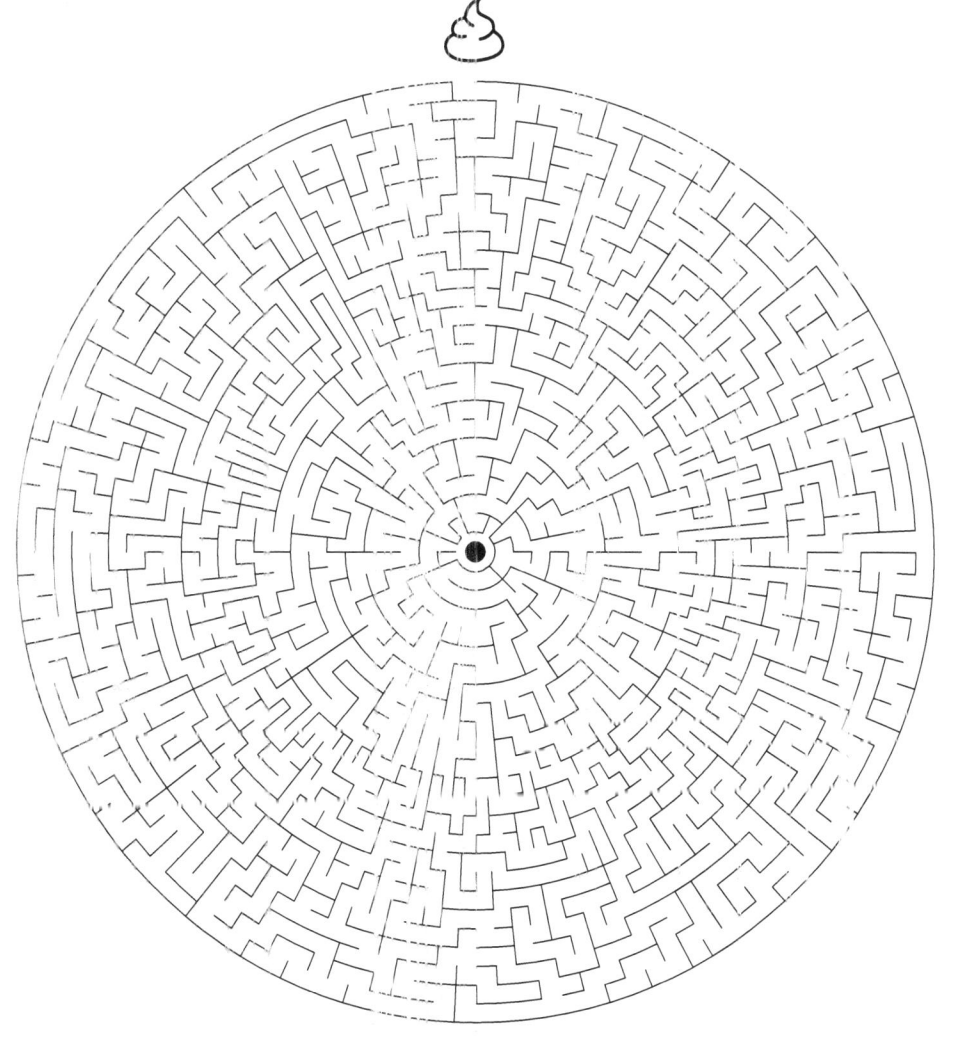

9 Turdsearch

Can you clean up this mess, and find each of these things you might have in a bathroom floating in the grid opposite? Words are written in straight lines and may read in any direction, including diagonally.

BATHMAT	SHOWER
CABINET	SINK
CONDITIONER	SOAP
FLANNEL	TAPS
LOO ROLL	TOILET BRUSH
MIRROR	TOOTHPASTE
PLUNGER	TOWEL
SCALES	TUB
SHAMPOO	WASHCLOTH

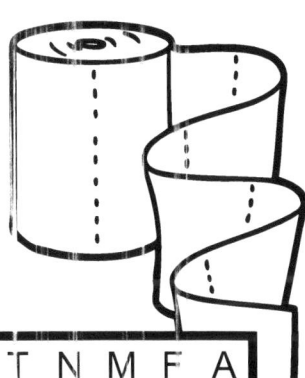

```
L E W O T H E F C O Y T T N M F A
O H S E T S A P H T O O T V X X O
T M Y L Z C Y J T R C I Q X R T O
F W J M B R D A C O J L E E X V
D L R Q U J M S N R X E K N S C R
Y C A J D H F D H R P T I D L S C
C S K N T S I F C I X B J L C J D
N J S A N T I K J M A R R O W J I
Q J B H I E R Q M C W U U O J O Q
P A X O O E L T U B S S E R G O T
F W N D G W H V I J T H S O A P P
O E D N A S E K E X N B C L I M U
R C U W C F E R N O T R E L G A Q
X L L A Z Q K V L I R I W N P H N
P G L Y G S P A T M S M L Y S S X
F E I P T Q F A Y U O P N D N I X
S V O B X S M Z W A S H C L O T H
```

10. Floaters

How many words of three letters or more can you form from the letters floating in the toilet below?

All words must use the central letter, and no letter can be used more times than it appears.

There's one toilet-related word which uses all of the letters. What is it?

Drop and Plop 11

Help the word at the top drop all the way to the word at the bottom. Complete its downward journey by writing one word into each gap.

Each word must use the same letters as the word directly above it, but with one letter changed. None of the letters should change order.

For example, POO > LOO > LOG > BOG

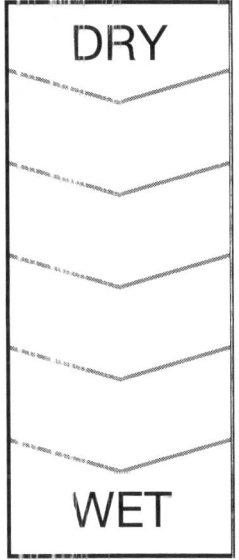

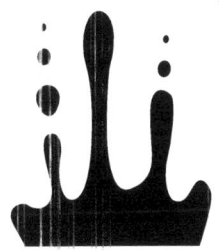

12 Thinking Time

Test your lavatorial knowledge by answering the following question:

Which Victorian plumber invented the floating ballcock, a device to stop toilet cisterns overflowing?

a. Thomas Pooper

b. Thomas Crapper

c. Thomas Turder

d. Thomas Crudder

Can-agrams 13

Can you rearrange the letters below to reveal a toilet-related phrase?

DENSE NNAPPY

(5, 1, 5)

14 Spot the Difference

Seeing as you have time on your hands, can you spot five differences between the bathroom scene on this page and the one opposite?

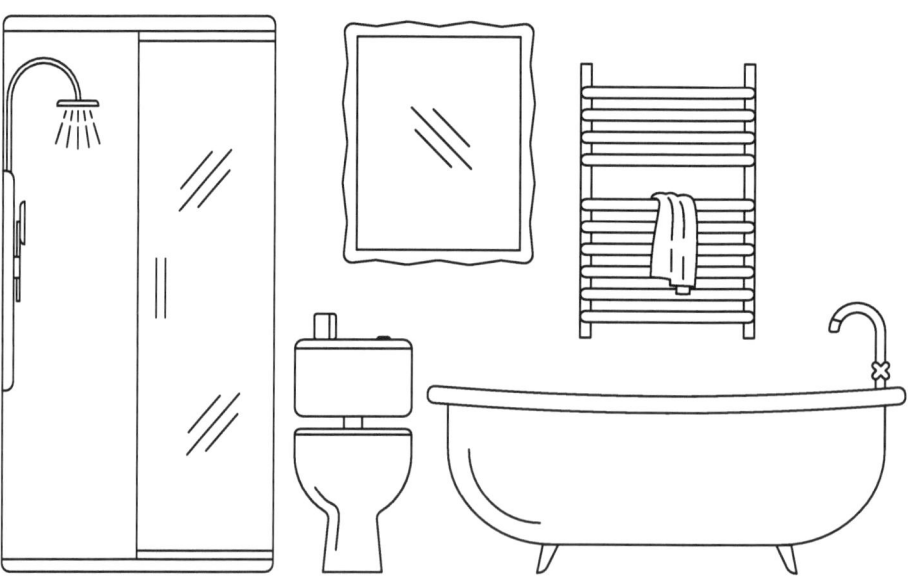

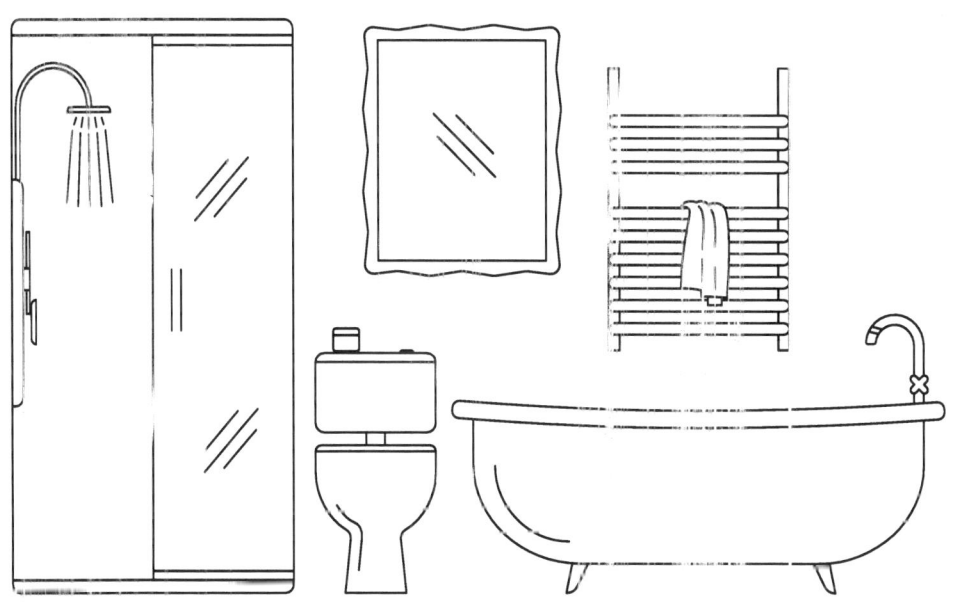

15. N° 2 Poo-doku

Place each of the numbers 1 to 9 once each into every row, column and bold-lined box. Every pair of numbers separated by a grey poo has a difference of exactly 2 – so 1 and 3, for example. If there is no grey poo between numbers, the rule does not apply.

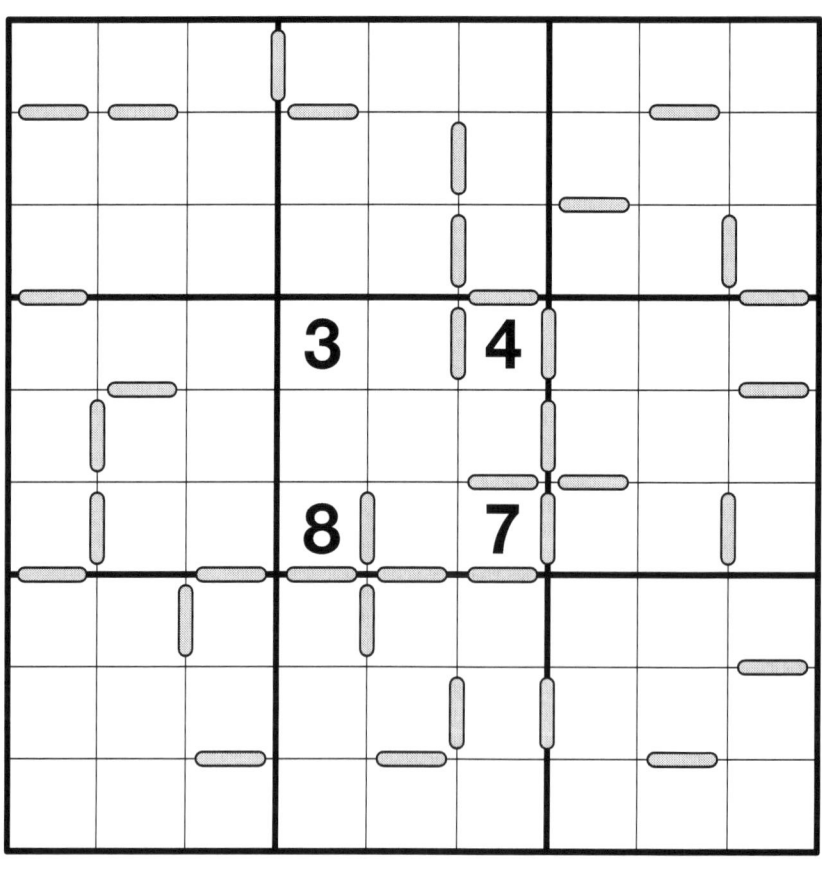

Flushed Away 16

Can you help this poo find its way to the drain at the centre of the toilet bowl? Draw a path from the poo to the middle of the circle, which doesn't cross or go back on itself.

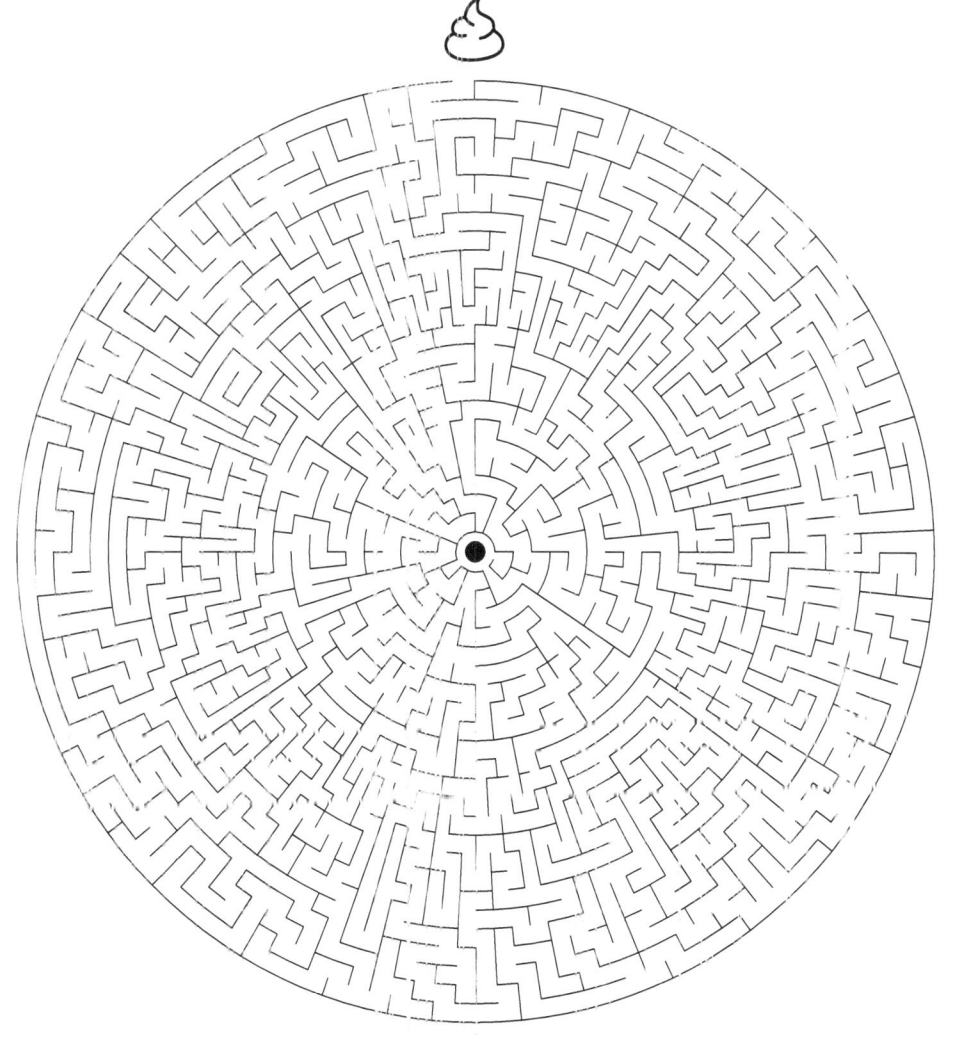

17 Turdsearch

Can you clean up this mess, and find each of these watery noises splashing in the grid opposite? Words are written in straight lines and may read in any direction, including diagonally.

BUBBLE	SPLATTER
DRIBBLE	SPLISH
DRIP	SPLOSH
GURGLE	SPRAY
PLOP	SPRINKLE
SLOP	SQUELCH
SLOSH	SWISH
SPLASH	TRICKLE

```
C N W J G S U T K O U T B N S Y M
T S E L K N I R P S K C C Z Q W A
C B K F I N J E P Z P N B K F Z H
O V H O C Z E J E J T L D E H X H
W A C E L B B I R D R S O L J S N
S K L G H U V Q G E I F K S O G Q
P D E G S S P N S V C A P L H F T
L O U O E S I D V P K H S G L N H
H U Q T P B O W E H L S X Y R P B
B I S K R X S M S S E A I K C Y K
O A P L H C K D R I P L T H A M U
B R I O U Z G S B L K P V T U H I
R D Y O L I X R K P I S Q V E S T
W Y A R P S Z V P S M O M L D R I
M G Y A L N G U R G L E D G H I O
U V E T O W G I P P F H Q H U N Z
M E B K P N E J T B U B B L E V S
```

18. Floaters

How many words of three letters or more can you form from the letters floating in the toilet below?

All words must use the central letter, and no letter can be used more times than it appears.

There's one toilet-related word which uses all of the letters. What is it?

Drop and Plop — 19

Help the word at the top drop all the way to the word at the bottom. Complete its downward journey by writing one word into each gap.

Each word must use the same letters as the word directly above it, but with one letter changed. None of the letters should change order.

For example, POO > LOO > LOG > BOG

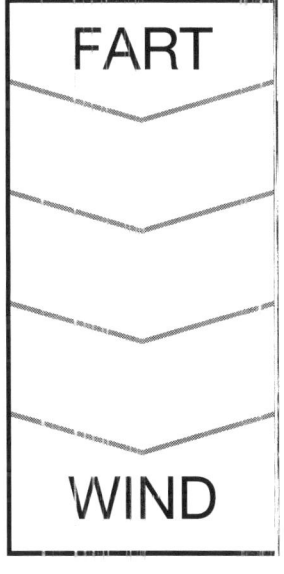

FART

WIND

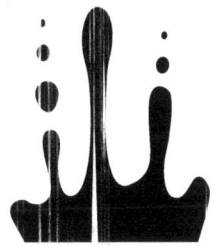

20. Thinking Time

Test your lavatorial knowledge by answering the following question:

As of 2020, the International Space Station has a new suction-style toilet. How many US dollars did NASA spend developing it?

a. 3 million

b. 13 million

c. 23 million

d. 33 million

Can-agrams 21

Can you rearrange the letters below to reveal a toilet-related phrase?

THE DOOM PUTTY

(5, 7)

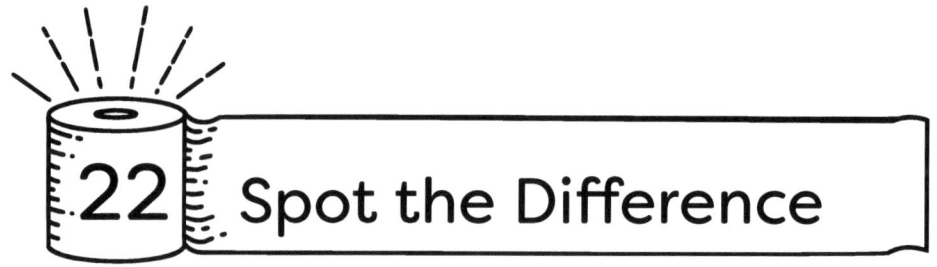

22 Spot the Difference

Seeing as you have time on your hands, can you spot five differences between the bathroom scene on this page and the one opposite?

23. N° 2 Poo-doku

Place each of the numbers 1 to 9 once each into every row, column and bold-lined box. Every pair of numbers separated by a grey poo has a difference of exactly 2 – so 1 and 3, for example. If there is no grey poo between numbers, the rule does not apply.

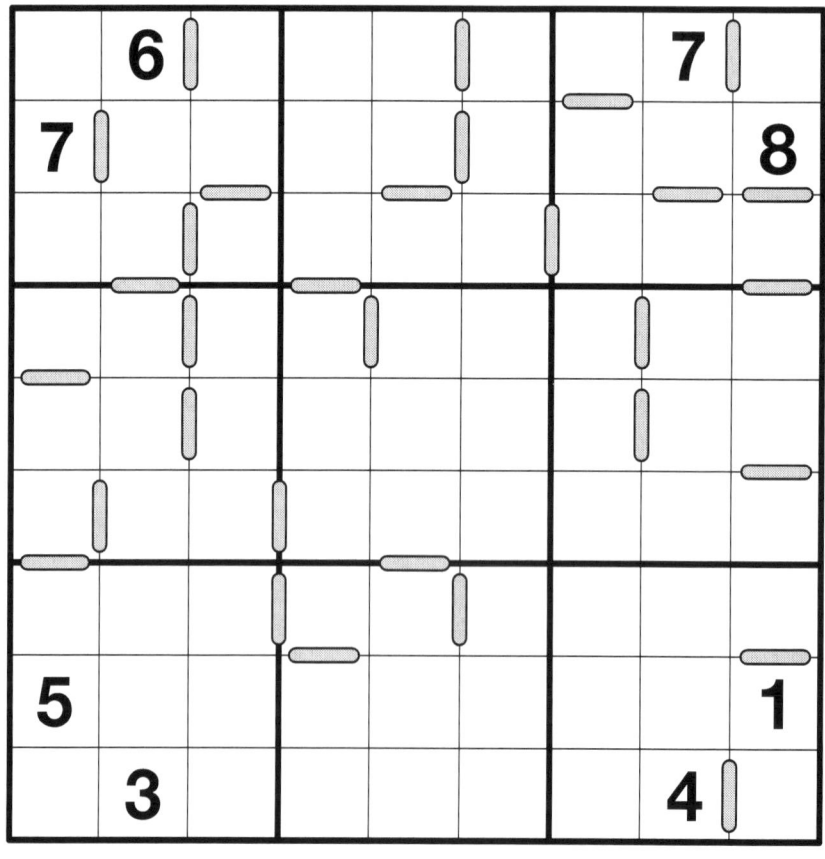

Flushed Away 24

Can you help this poo find its way to the drain at the centre of the toilet bowl? Draw a path from the poo to the middle of the circle, which doesn't cross or go back on itself.

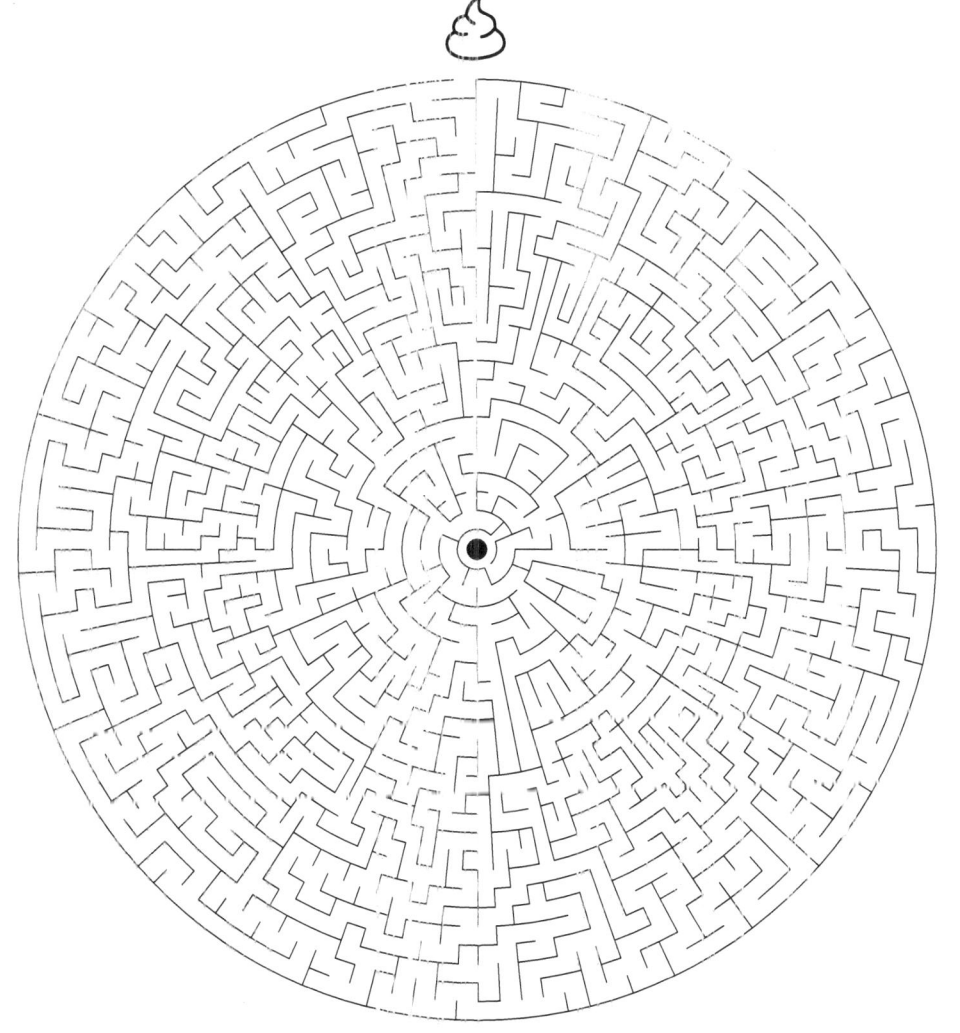

25 Turdsearch

Can you clean up this mess, and find each of these fibrous foods floating in the grid opposite? Words are written in straight lines and may read in any direction, including diagonally.

ARTICHOKE	LENTILS
BARLEY	OATS
BEANS	ORANGE
BROCCOLI	PEAR
BROWN RICE	PULSES
BULGUR WHEAT	RYE
CHICKPEAS	SWEETCORN
GRANARY BREAD	WHOLE GRAINS
LEGUMES	

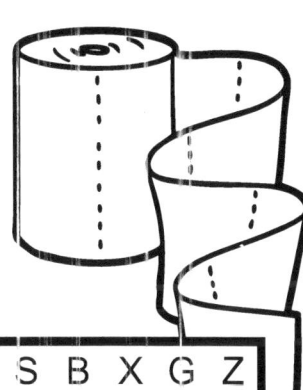

```
L B E I M U E Q H S W S S B X G Z
D R C A E R A Y M T L R U W B I F
V O S R L Y E L R A B L T H L Z Z
K C G T P Z S S P O G N R O O K V
X C G I H F K V A U O W P L K Y K
L O Q C Y X P I R E R N Q E N G G
E L X H X R S W L K P F E G A P R
G I L O B R H O G B F K S R H R A
U R E K A E O K R A B V C A O D N
M I N E A F H O L K R L U I H A A
E C T T F G W M W W N M B N H N R
S D I U S N R O C T E E W S P C Y
Y P L T R E Z X M J U L E N L F B
L S S I E L S M B V B K W M P L R
H Z C R K V M L F L S N A E B M E
W E V W Y W D U U G O R A N G E A
Z S Q Z J R L S U P H A K A H S D
```

26 Floaters

How many words of three letters or more can you form from the letters floating in the toilet below?

All words must use the central letter, and no letter can be used more times than it appears.

There's one toilet-related word which uses all of the letters. What is it?

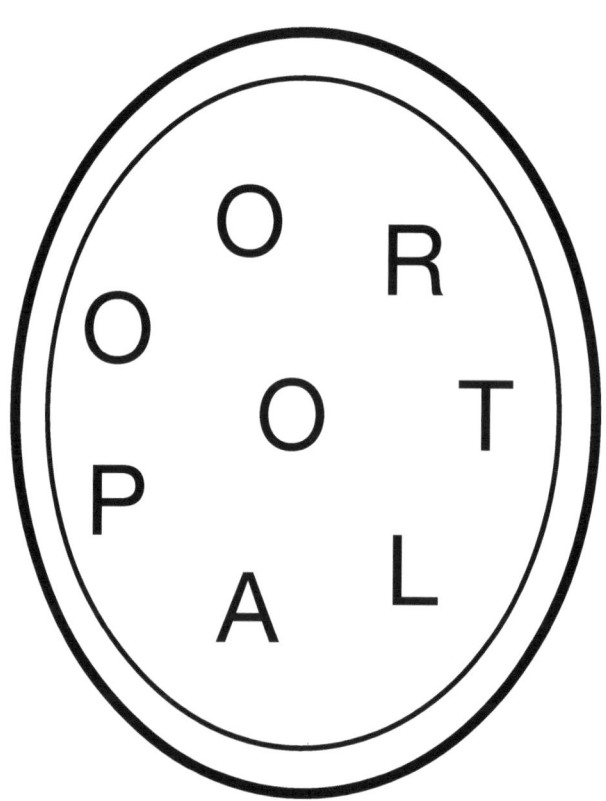

Drop and Plop — 27

Help the word at the top drop all the way to the word at the bottom. Complete its downward journey by writing one word into each gap.

Each word must use the same letters as the word directly above it, but with one letter changed. None of the letters should change order.

For example, POO > LOO > LOG > BOG

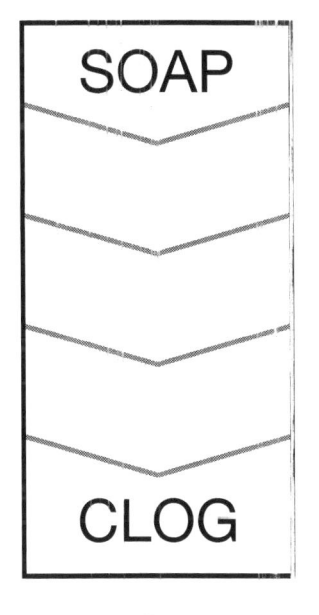

```
SOAP
____
____
____
____
CLOG
```

28 Thinking Time

Test your lavatorial knowledge by answering the following question:

Which British monarch died soon after falling off the toilet?

a. Charles I

b. Elizabeth I

c. George II

d. Henry VIII

Can-agrams 29

Can you rearrange the letters below to reveal a toilet-related phrase?

ELATE KAKA

(4, 1, 4)

30. Spot the Difference

Seeing as you have time on your hands, can you spot five differences between the bathroom scene on this page and the one opposite?

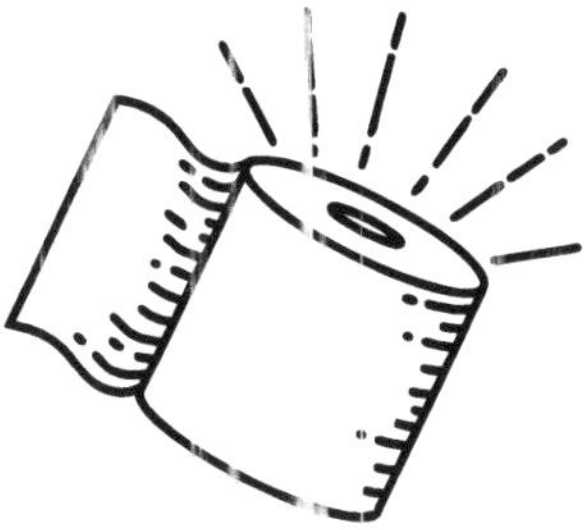

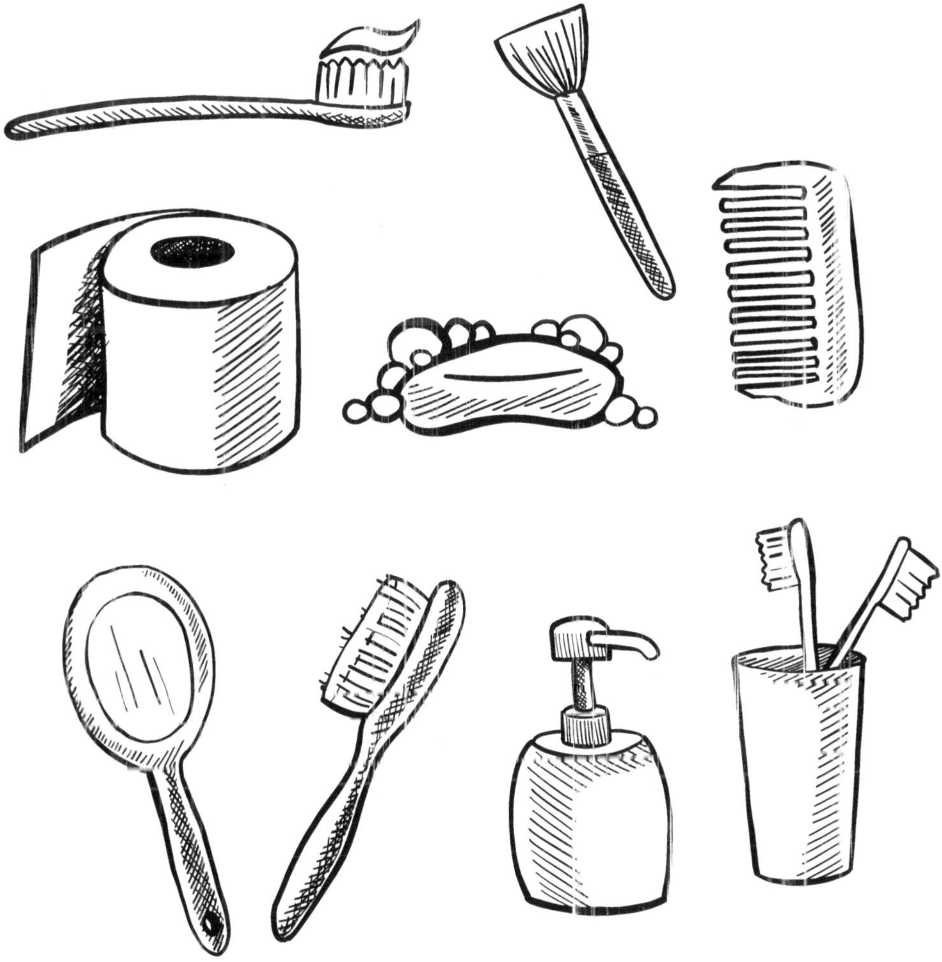

31 N° 2 Poo-doku

Place each of the numbers 1 to 9 once each into every row, column and bold-lined box. Every pair of numbers separated by a grey poo has a difference of exactly 2 – so 1 and 3, for example. If there is no grey poo between numbers, the rule does not apply.

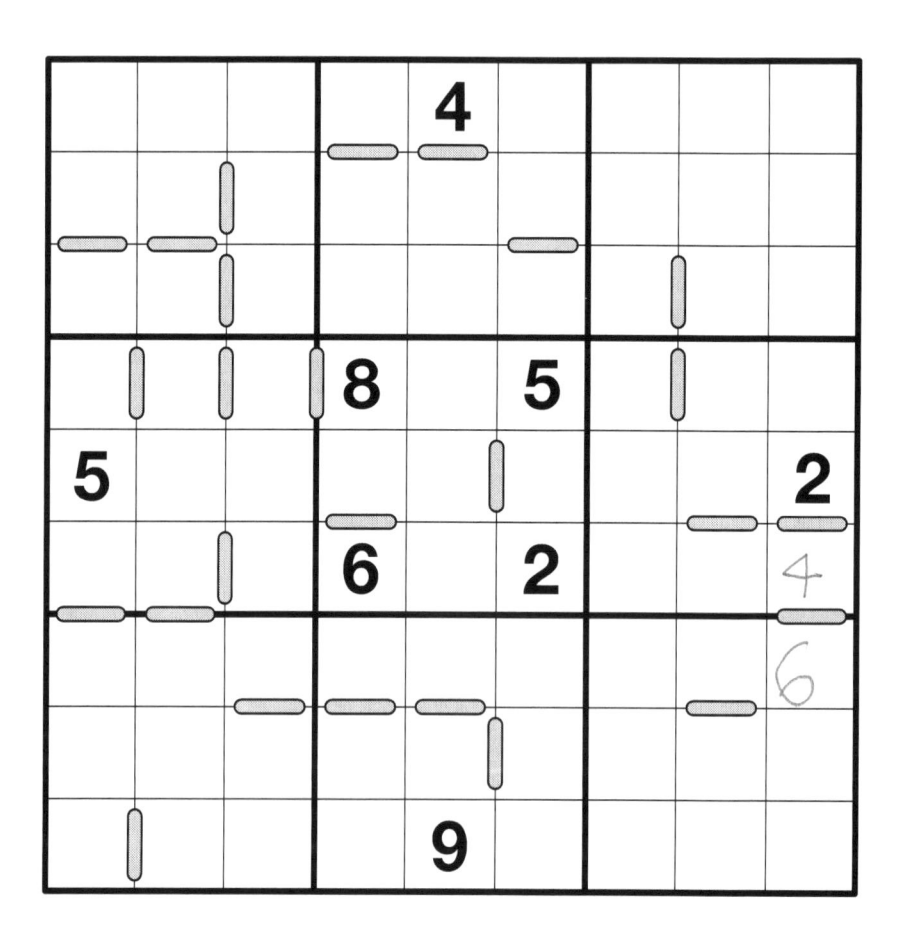

Flushed Away 32

Can you help this poo find its way to the drain at the centre of the toilet bowl? Draw a path from the poo to the middle of the circle, which doesn't cross or go back on itself.

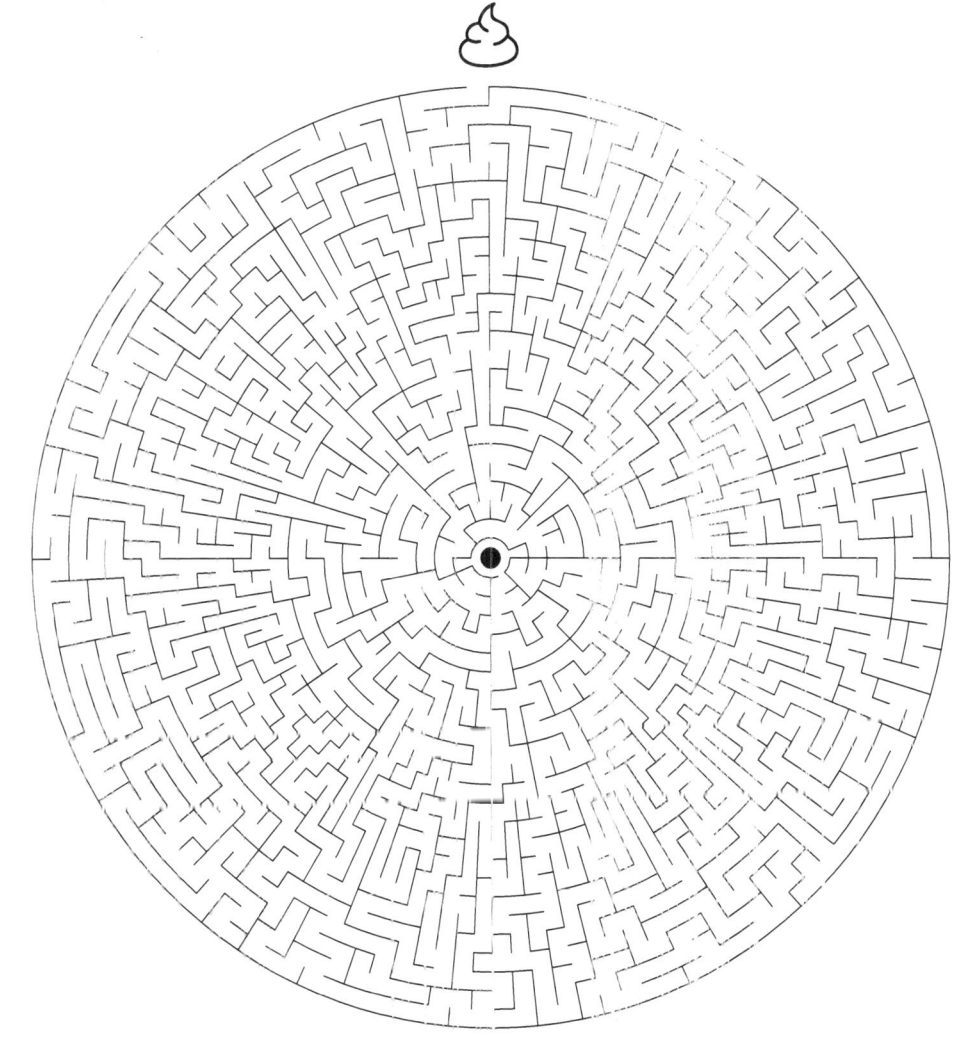

33. Turdsearch

Can you clean up this mess, and find each of these plumbing parts floating in the grid opposite? Words are written in straight lines and may read in any direction, including diagonally.

BALLCOCK	PIPE
BOWL	SEAL
CHAIN	SEAT
CISTERN	SIPHON
FLANGE	TANK
FLAPPER	TRAP
FLOAT	U-BEND
FLUID LEVEL	VALVE
HANDLE	

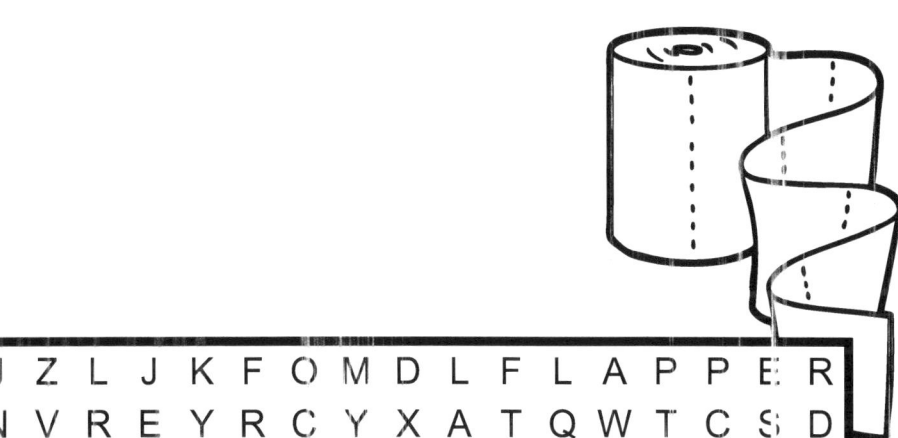

```
J Z L J K F O M D L F L A P P E R
N V R E Y R C Y X A T Q W T C S D
N A D X Y Z O P U E D J P G D O N
A L H A D E R Z K S V P D Q K F E
Z V G X A E O W G C X N E S T Z B
K E H U Y I F F A T O S L Q N M U
T D S X I W G Y N K O C B U G U G
V L F L U I D L E V E L L O I N V
U H B V E C N Y L N A S T L L Y A
F K D B D R C I S T E R N W A J C
G E A N I A H C R L V W O V T B O
S A B J U A M A K S C B L G G X M
L E K Z N O P B S D T L E D E T I
Y X A D E M J F L A N G E U P A T
I K L T K F E B O N O H P I S O V
M E X F K R C F G J J C P C N L P
B B L D J B K N A T S E Z U Z F E
```

34. Floaters

How many words of three letters or more can you form from the letters floating in the toilet below?

All words must use the central letter, and no letter can be used more times than it appears.

There's one toilet-related word which uses all of the letters. What is it?

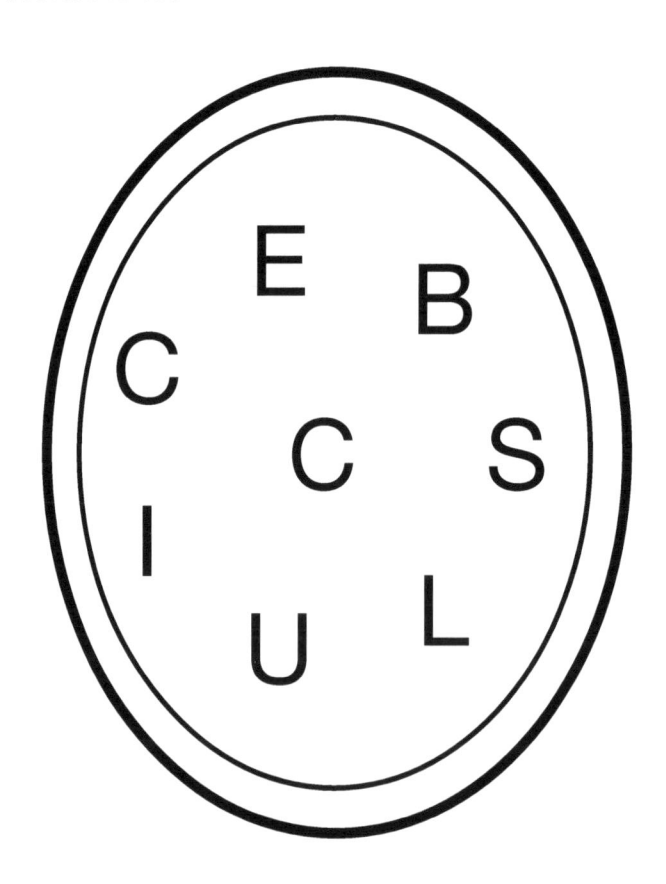

E B
C
C S
I
U L

Drop and Plop 35

Help the word at the top drop all the way to the word at the bottom. Complete its downward journey by writing one word into each gap.

Each word must use the same letters as the word directly above it, but with one letter changed. None of the letters should change order.

For example, POO > LOO > LOG > BOG

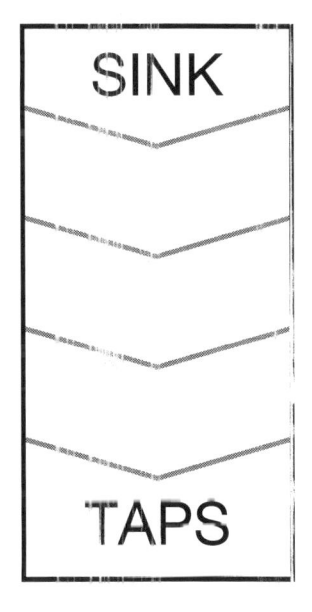

SINK

TAPS

36. Thinking Time

Test your lavatorial knowledge by answering the following question:

On which day does official United Nations observance of World Toilet Day fall every year?

    a. 4th May

    b. 12th July

    c. 31st October

    d. 19th November

Can-agrams 37

Can you rearrange the letters below to reveal a toilet-related phrase?

DROOPY OWNER USE

(6, 4, 4)

38. Spot the Difference

Seeing as you have time on your hands, can you spot five differences between the bathroom scene on this page and the one opposite?

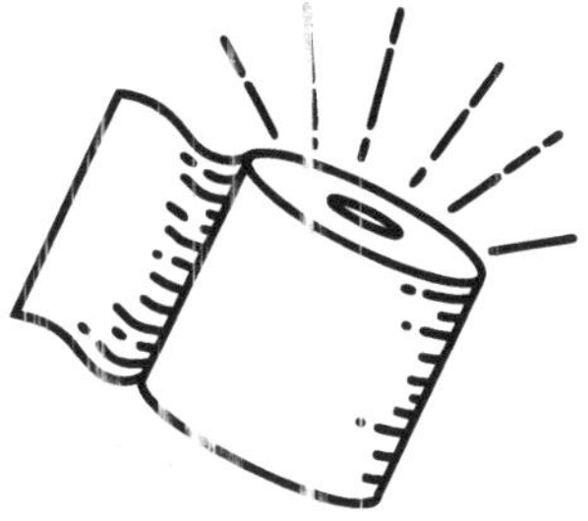
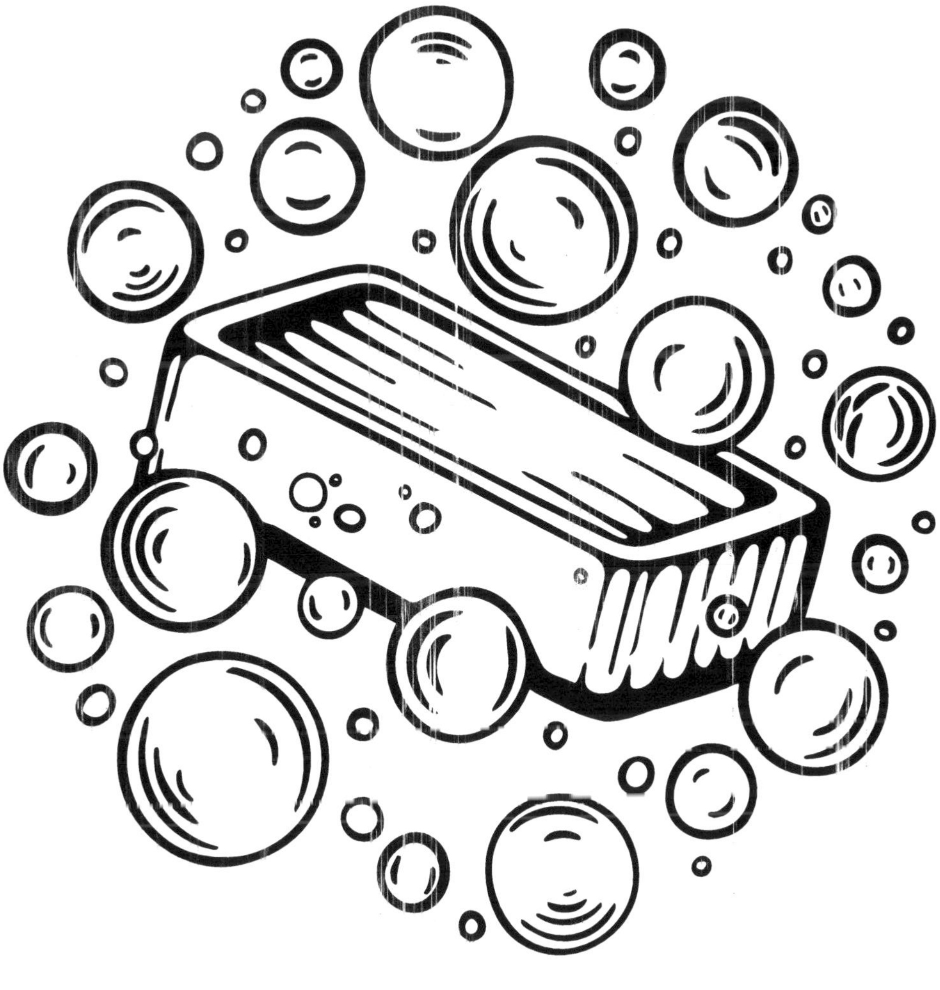

39 N° 2 Poo-doku

Place each of the numbers 1 to 9 once each into every row, column and bold-lined box. Every pair of numbers separated by a grey poo has a difference of exactly 2 – so 1 and 3, for example. If there is no grey poo between numbers, the rule does not apply.

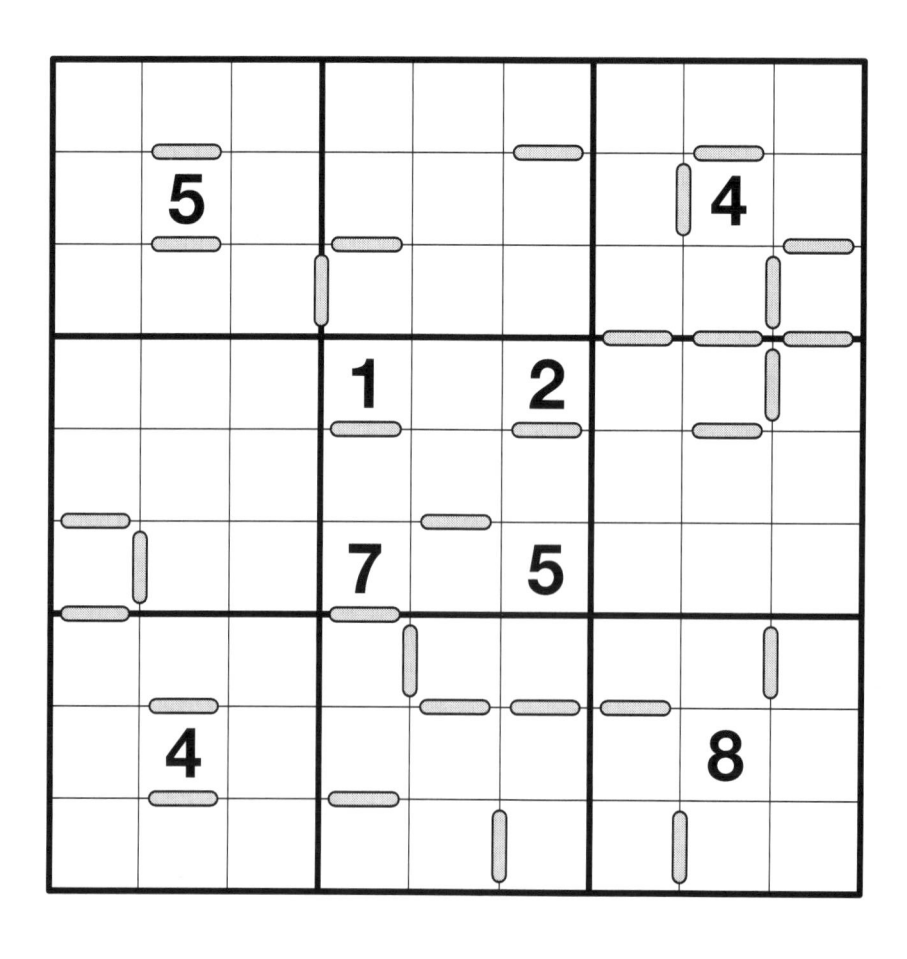

Flushed Away 40

Can you help this poo find its way to the drain at the centre of the toilet bowl? Draw a path from the poo to the middle of the circle, which doesn't cross or go back on itself.

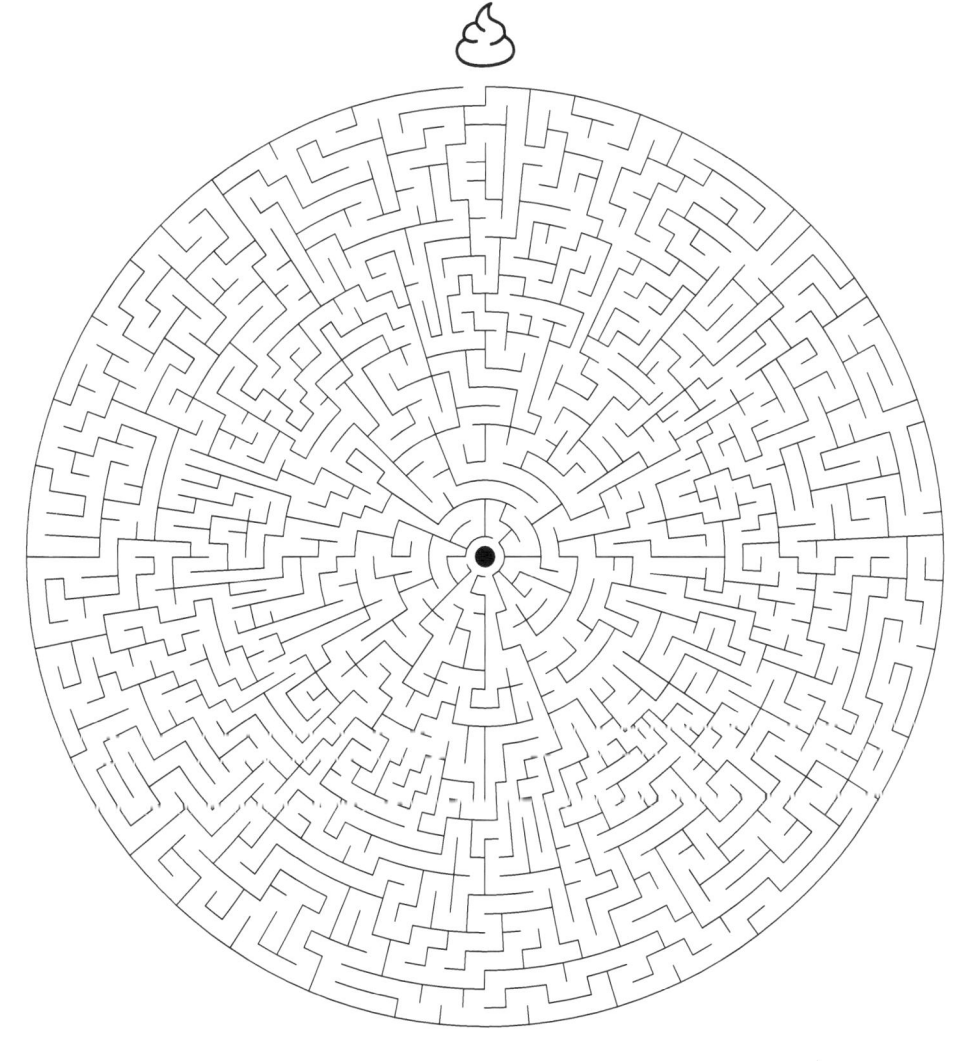

41. Turdsearch

Can you clean up this mess, and find each of these bathroom activities floating in the grid opposite? Words are written in straight lines and may read in any direction, including diagonally.

BATHE	GROOM
BRUSH	RINSE
BUFF	SCRUB
CLEAN	SHOWER
COMB	SOAK
DRY	SPLASH
FLOSS	WASH
FLUSH	WIPE

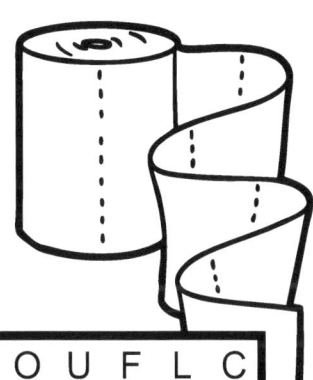

V	L	H	S	A	L	P	S	O	S	V	W	O	U	F	L	C
L	K	M	W	W	Y	M	D	K	P	X	V	M	G	H	A	T
X	H	X	Y	V	C	G	K	W	W	E	V	H	H	D	W	B
U	G	N	J	Z	E	H	T	A	B	L	I	J	Q	F	V	F
B	O	A	Q	J	F	T	S	C	O	V	D	X	X	T	E	K
K	K	L	Y	S	E	H	L	D	D	S	M	W	N	K	V	T
F	E	F	X	O	S	E	B	R	U	S	H	C	S	W	V	W
V	B	H	T	R	A	O	J	A	Q	S	M	X	C	E	I	X
W	T	S	M	N	X	C	L	Q	H	Y	V	G	V	P	U	C
O	F	U	T	N	O	W	B	F	O	M	J	N	E	G	H	J
C	R	L	D	Y	O	U	L	K	M	V	O	E	F	I	W	S
N	S	F	M	R	F	Y	N	F	W	R	Z	O	D	I	Q	D
D	Y	H	R	F	U	B	Q	D	I	K	F	U	R	U	H	E
T	T	C	O	N	A	N	V	N	Q	S	Q	R	V	G	Y	C
U	A	U	D	W	X	O	S	G	L	B	R	R	U	B	R	D
F	D	I	C	P	E	E	Q	W	Z	S	K	U	C	B	D	F
W	W	E	A	S	C	R	U	B	O	I	B	M	O	C	V	K

42 Floaters

How many words of three letters or more can you form from the letters floating in the toilet below?

All words must use the central letter, and no letter can be used more times than it appears.

There's one toilet-related word which uses all of the letters. What is it?

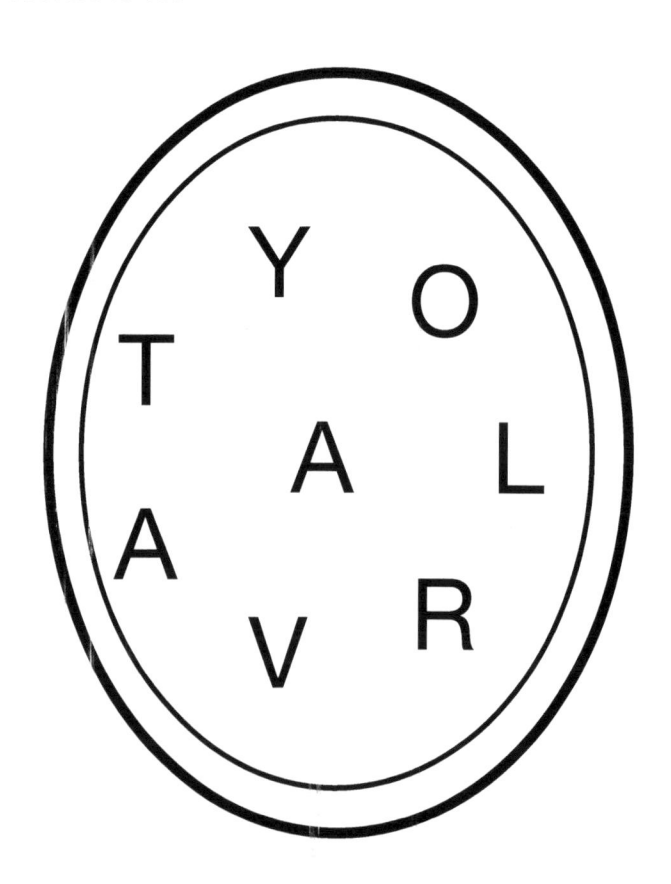

Y O
T
A L
A
V R

Drop and Plop 43

Help the word at the top drop all the way to the word at the bottom. Complete its downward journey by writing one word into each gap.

Each word must use the same letters as the word directly above it, but with one letter changed. None of the letters should change order.

For example, POO > LOO > LOG > BOG

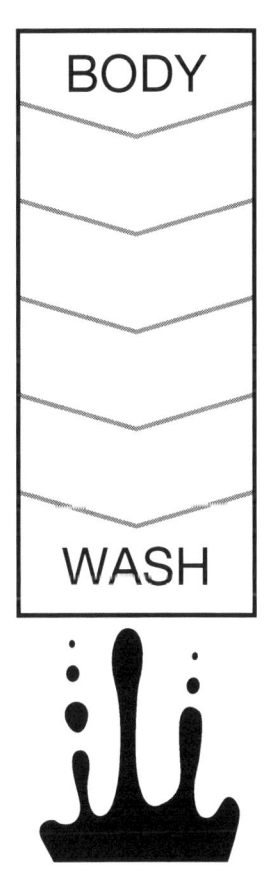

BODY

WASH

44. Thinking Time

Test your lavatorial knowledge by answering the following question:

The ancient Roman goddess Cloacina had an unusual job – what was she the goddess of?

a. Sewers

b. Flatulence

c. Diarrhoea

d. Constipation

Can-agrams 45

Can you rearrange the letters below to reveal a toilet-related phrase?

ON THEIR NEAT BUTT

(6, 3, 4, 2)

46 Spot the Difference

Seeing as you have time on your hands, can you spot five differences between the bathroom scene on this page and the one opposite?

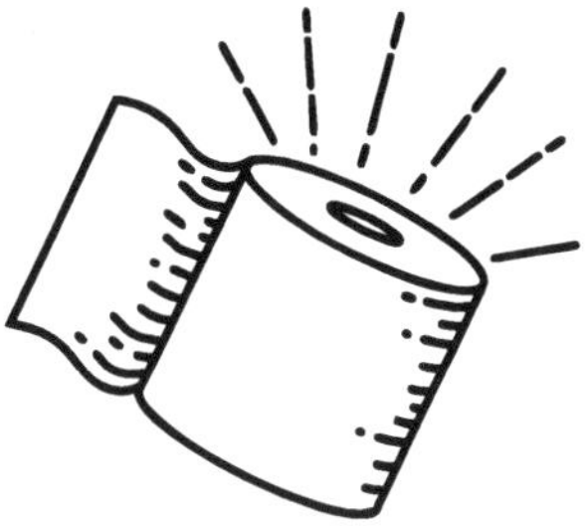

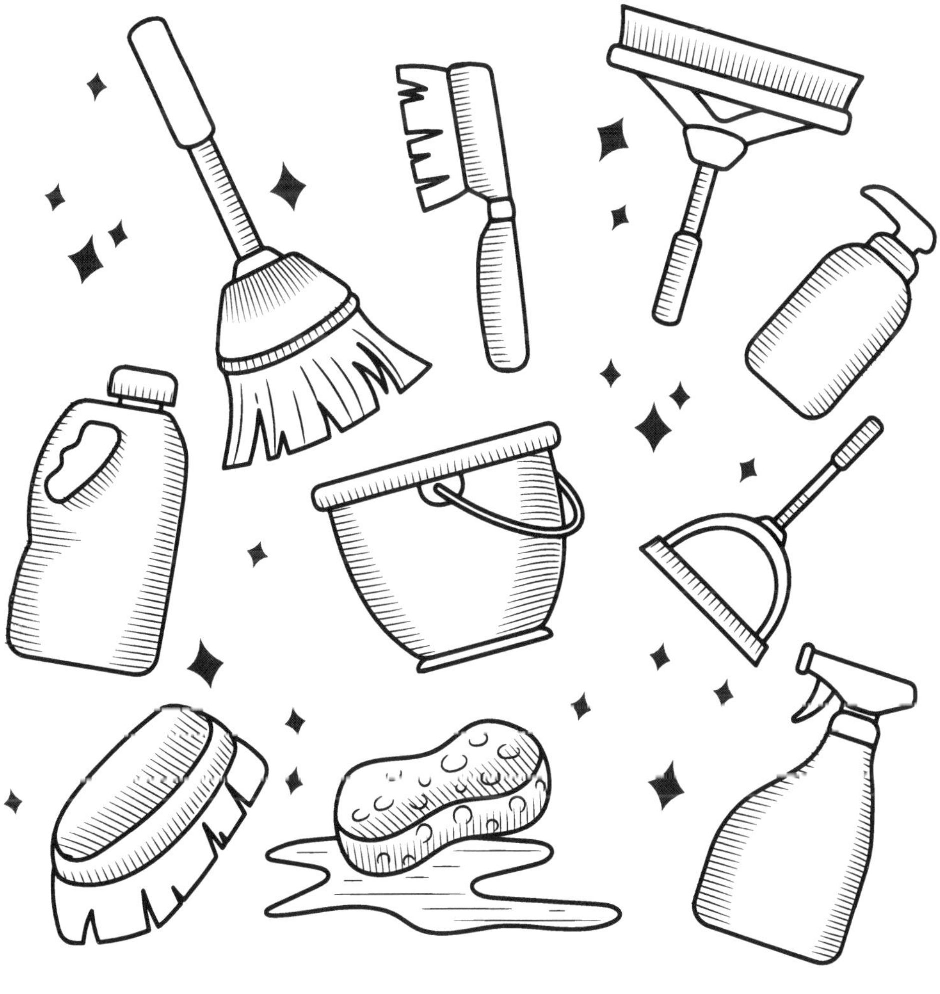

47 N° 2 Poo-doku

Place each of the numbers 1 to 9 once each into every row, column and bold-lined box. Every pair of numbers separated by a grey poo has a difference of exactly 2 – so 1 and 3, for example. If there is no grey poo between numbers, the rule does not apply.

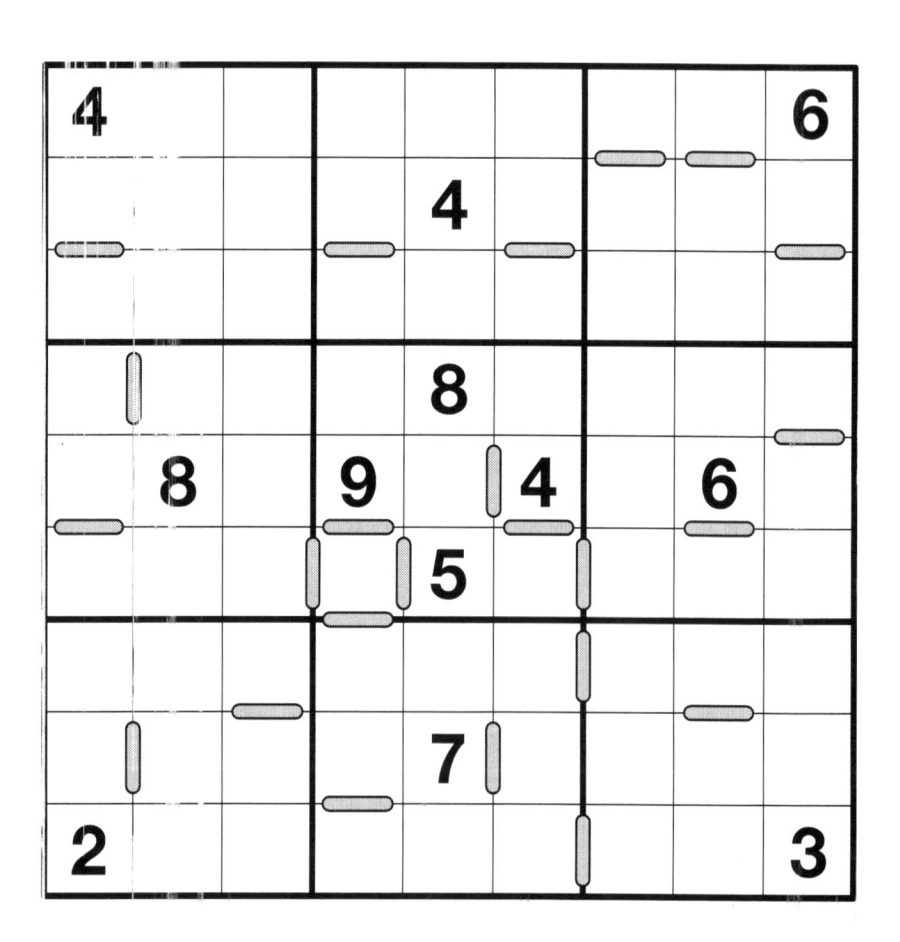

Flushed Away 48

Can you help this poo find its way to the drain at the centre of the toilet bowl? Draw a path from the poo to the middle of the circle, which doesn't cross or go back on itself.

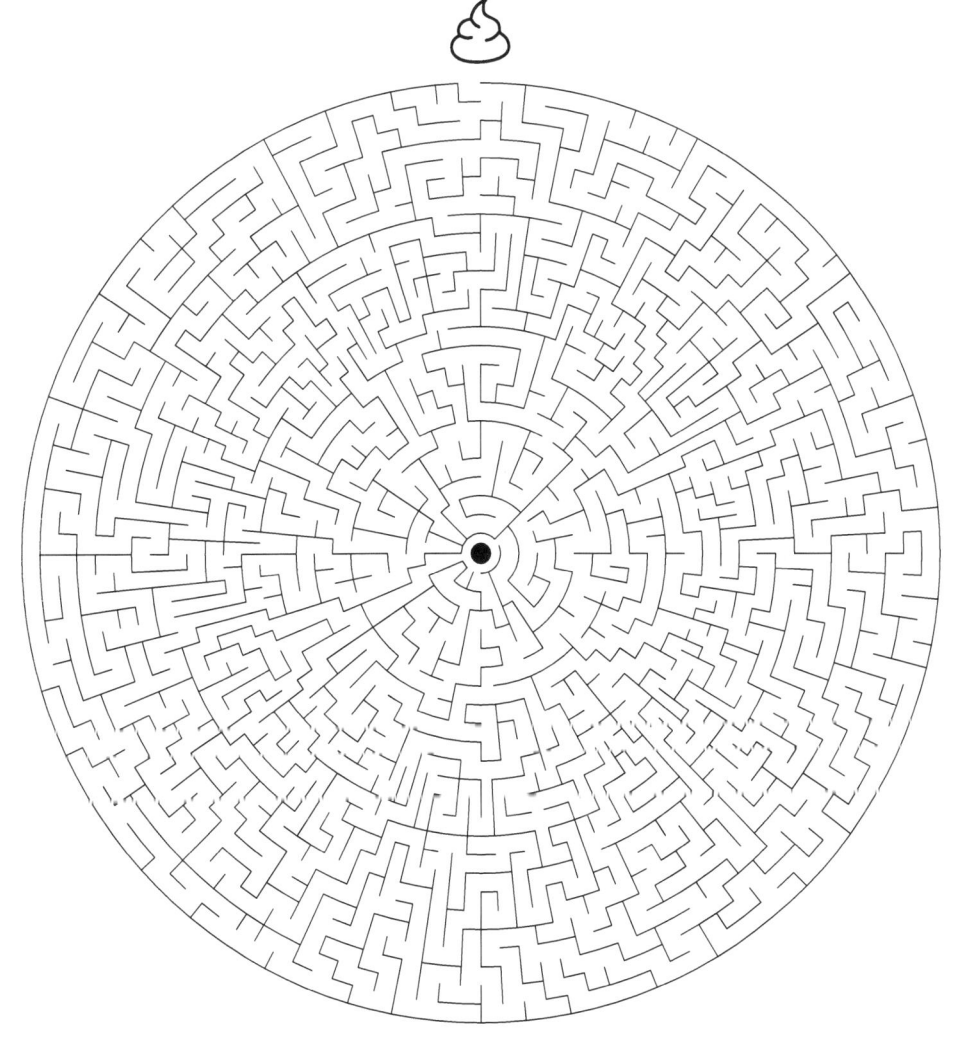

49 Turdsearch

Can you clean up this mess, and find each of these clean words floating in the grid opposite? Words are written in straight lines and may read in any direction, including diagonally.

CLEAN

FLAWLESS

FRESH

GLEAMING

IMMACULATE

LAUNDERED

LUMINOUS

POLISHED

PRISTINE

PURE

SCRUBBED

SHINY

SPOTLESS

STERILE

TIDY

UNSULLIED

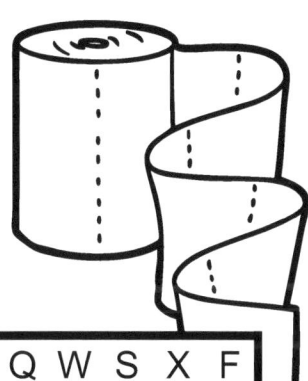

```
A L J P T T T D F Y K B Q W S X F
E E P P I R E B C C Q A J S N H J
N R X D K M Y L S I K P E P S D C
I U E U E F M U I K F L A E C L A
T P Z G V R O A F R W I R L E X Z
S I W N I N E K C A E F I A K S G
I M V I I I A D L U S T N B Z Z B
R G H M D C W F N P L U S R X X A
P H U A W U Z K O U N A M W I L S
G L P E W Z H T D S A C T D R M X
Y V J L X Q L L U E S L V E E G Z
V J A G S E E L X S H S W L W Y U
N I J Z S E L R X N I S E S D J S
U P K S J I A M S I N D I W O T A
B C Q H E U W U R W Y M N L T T V
I S R D D X M M G I C Q B B O Y G
D E B B U R C S C X T I D Y A P E
```

50. Floaters

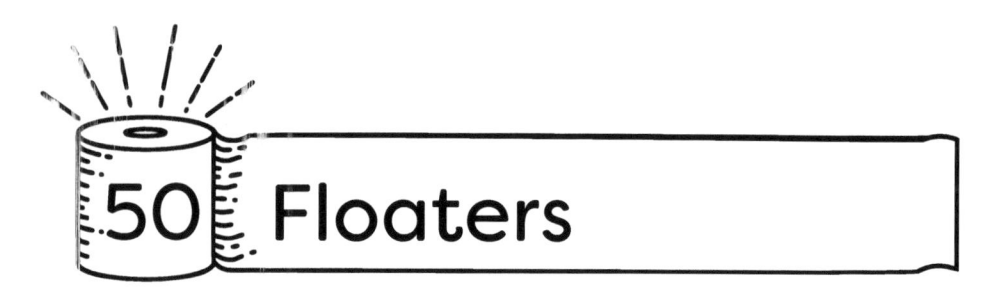

How many words of three letters or more can you form from the letters floating in the toilet below?

All words must use the central letter, and no letter can be used more times than it appears.

There's one toilet-related word which uses all of the letters. What is it?

U F T A C L N E E L

Drop and Plop 51

Help the word at the top drop all the way to the word at the bottom. Complete its downward journey by writing one word into each gap.

Each word must use the same letters as the word directly above it, but with one letter changed. None of the letters should change order.

For example, POO > LOO > LOG > BOG

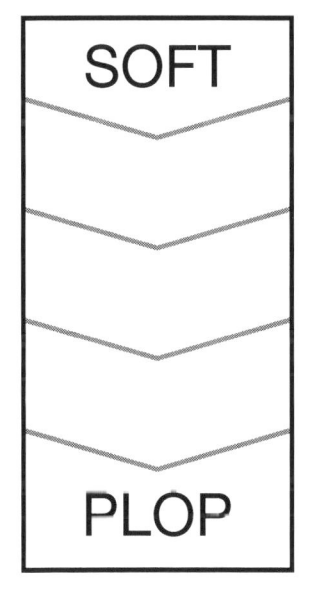

SOFT

PLOP

52. Thinking Time

Test your lavatorial knowledge by answering the following question:

In 2013, scientists uncovered a giant fossilized communal toilet used by prehistoric rhino-like beasts. In what country was the 240-million-year-old loo uncovered?

a. Albania

b. Angola

c. Antigua

d. Argentina

Can-agrams 53

Can you rearrange the letters below to reveal a toilet-related phrase?

MOUNT BREW

(6, 3)

54. Spot the Difference

Seeing as you have time on your hands, can you spot five differences between the bathroom scene on this page and the one opposite?

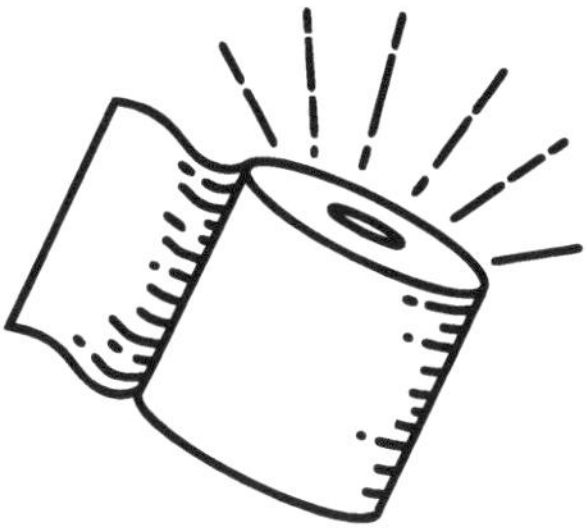

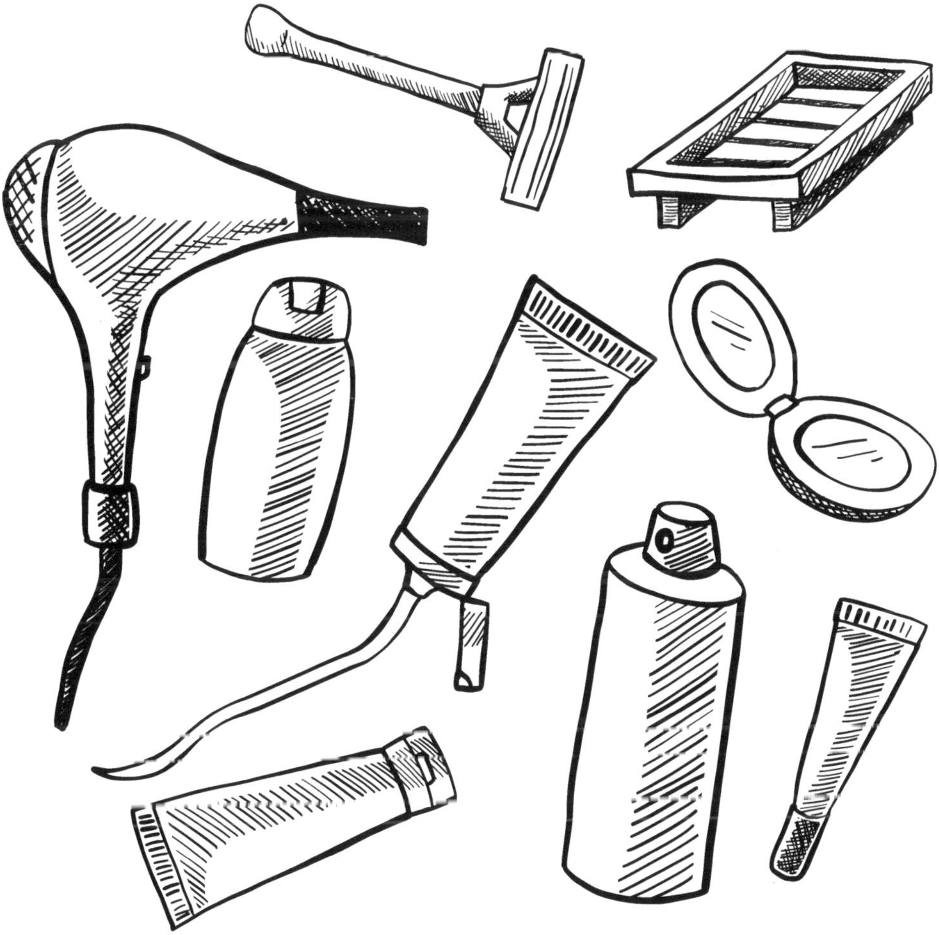

55 N° 2 Poo-doku

Place each of the numbers 1 to 9 once each into every row, column and bold-lined box. Every pair of numbers separated by a grey poo has a difference of exactly 2 – so 1 and 3, for example. If there is no grey poo between numbers, the rule does not apply.

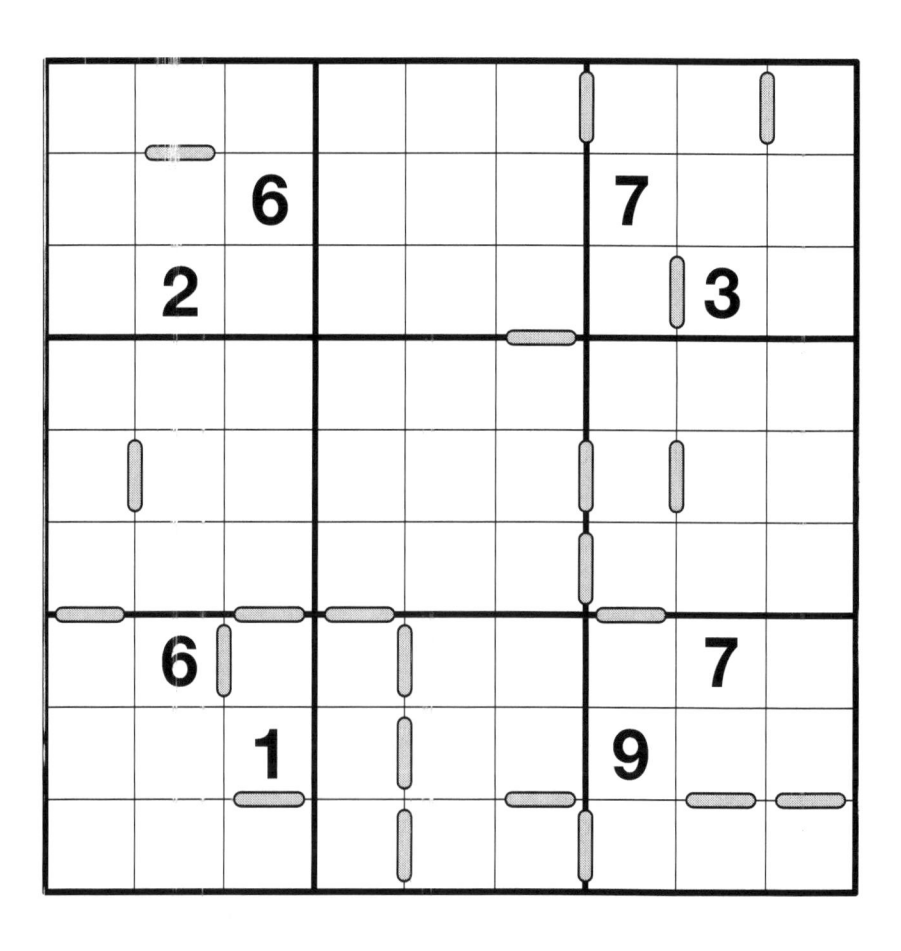

Flushed Away 56

Can you help this poo find its way to the drain at the centre of the toilet bowl? Draw a path from the poo to the middle of the circle, which doesn't cross or go back on itself.

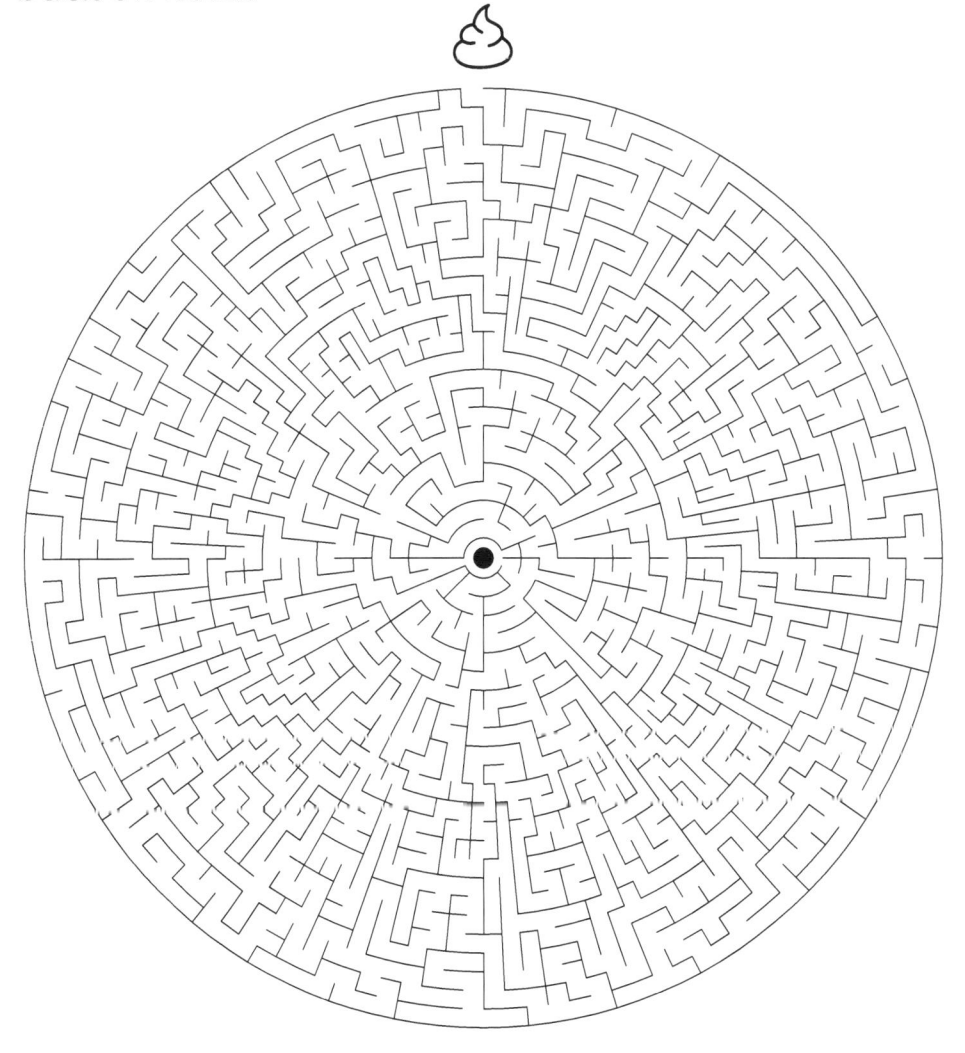

57. Bonus Time

Got more time than usual? Try this extra trivia round to keep your toilet tuition topped up.

1. How many bathrooms – and presumably, toilets – does the US President's White House have?

   a.   15

   b.   25

   c.   35

   d.   45

2. What do the initials W.C. stand for?

   a.   Wash cupboard

   b.   Water closet

   c.   Wee cabinet

   d.   Wet cloakroom

3. Instead of toilet paper, ancient Romans used a device called a tersorium to clean themselves up. What kind of device was it?

    a.   Some soap on a rope

    b.   Stale bread

    c.   A sponge on a stick

    d.   Some moss on a twig

4. In what year was two-ply toilet paper invented, at St Andrew's Paper Mill in England?

    a.   1642

    b.   1742

    c.   1842

    d.   1942

Solutions

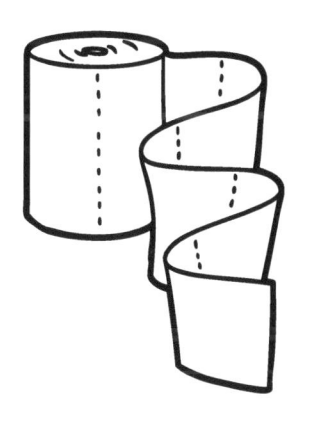

Solutions

1. Turdsearch

```
I N D R Z A T X B N T H R O N E U
Q A Y Q S C O E Z O K G X Y R I J
N C K U S T W M I B W I O H Q J V
J H X Z M W N L U Z G I I J P B F
E E O B Y B E E F G P R M U U A G
P D E J B T X X G C D F T F C O O
R M A I Q K Z X J D X E Z I B R C
I Y U M N M V U L D V I L Y P O T
V N E T T Y G S R J Y I L N Y M H
Y U G R E B G M W R T D A N G E E
N K F O O K X T O I V H D U A K N
J C H A I V Y U E O N I I D O W I
Y S K H J R D S X D R X E R U R R
M Y R O T A V A L I D H S P Q X T
R H Y C I E R H L Z R W S N Y T A
Q E G R T D J B L O J I T A H A L
P B O R I V V M G C O H K Z W C E
```

2. Floaters

The long word is SUPERLOO. Other words to find include: euros, loops, loose, looser, lopes, lops, lose, loser, louse, lures, opus, ores, ours, peso, plus, poles, pols, pools, pores, porous, pose, poser, poseur, pours, pros, prose, pulse, pures, purls, purse, pus, roes, roles, ropes, rose, rouse, rues, rules, ruse, sloe, sloop, slop, slope, slue, slur, sol, sole, solo, sop, sore, soul, soup, sour, spool, spoor, spore, spur, sue, sup, super, sure, ups, use and user.

Solutions

3. Drop and Plop
BOG BOY SOY SPY SPA

4. Thinking Time
a. French

5. Can-agrams
ANSWER THE CALL OF NATURE

6. Spot the Difference

Solutions

7. N° 2 Poo-doku

7	3	2	5	1	6	4	9	8
8	9	6	3	4	2	1	7	5
1	5	4	9	7	8	6	2	3
3	8	9	4	6	7	2	5	1
4	2	7	1	9	5	8	3	6
5	6	1	8	2	3	9	4	7
9	7	3	2	8	1	5	6	4
6	4	8	7	5	9	3	1	2
2	1	5	6	3	4	7	8	9

8. Flushed Away

Solutions

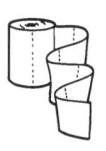

9. Turdsearch

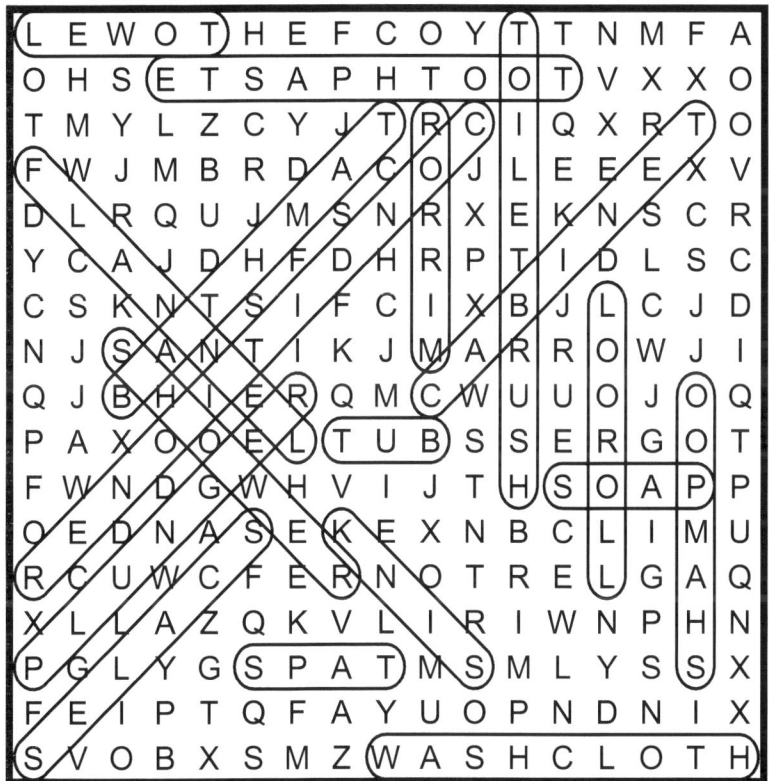

```
L E W O T H E F C O Y T T N M F A
O H S E T S A P H T O O T V X X O
T M Y L Z C Y J T R C I Q X R T O
F W J M B R D A C O J L E E E X V
D L R Q U J M S N R X E K N S C R
Y C A J D H F D H R P T I D L S C
C S K N T S I F C I X B J L C J D
N J S A N T I K J M A R R O W J I
Q J B H I E R Q M C W U U O J O Q
P A X O O E L T U B S S E R G O T
F W N D G W H V I J T H S O A P P
O E D N A S E K E X N B C L I M U
R C U W C F E R N O T R E L G A Q
X L L A Z Q K V L I R I W N P H N
P G L Y G S P A T M S M L Y S S X
F E I P T Q F A Y U O P N D N I X
S V O B X S M Z W A S H C L O T H
```

10. Floaters

The long word is FACILITIES. Other words to find include: ail, ails, aisle, cilia, cite, cites, cities, elastic, elicit, elicits, facile, fail, fails, fie, fies, fiesta, file, files, filet, filets, fiscal, fist, fit, fits, flies, flit, flits, ice, ices, iciest, ifs, isle, islet, italic, italicise, italics, its, itself, laciest, lei, leis, lice, licit, lie, lief, lies, life, lift, lifts, list, lit, sail, sic, sift, silica, silicate, silt, sit, site, slice, slit, stifle, stile, tail, tails, tie, ties, tile and tiles.

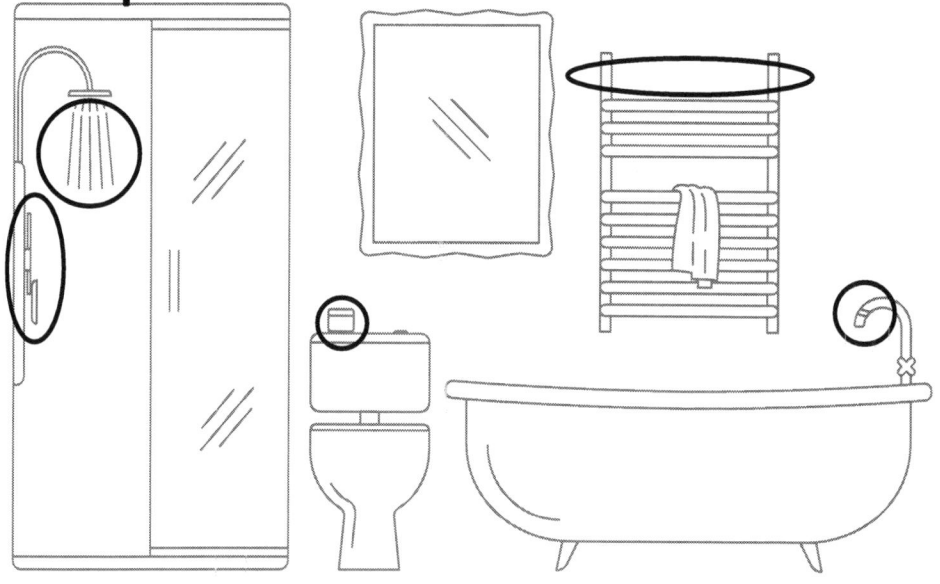

Solutions

11. Drop and Plop
DRY WRY WAY WAD WED WET

12. Thinking Time
b. Thomas Crapper

13. Can-agrams
SPEND A PENNY

14. Spot the Difference

Solutions

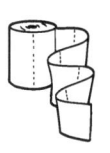

15. N° 2 Poo-doku

6	7	3	5	9	2	8	4	1
8	9	4	7	3	1	5	6	2
5	2	1	4	8	6	3	9	7
7	8	9	3	2	4	6	1	5
4	6	2	9	1	5	7	8	3
3	1	5	8	6	7	9	2	4
1	5	7	6	4	9	2	3	8
9	4	8	2	5	3	1	7	6
2	3	6	1	7	8	4	5	9

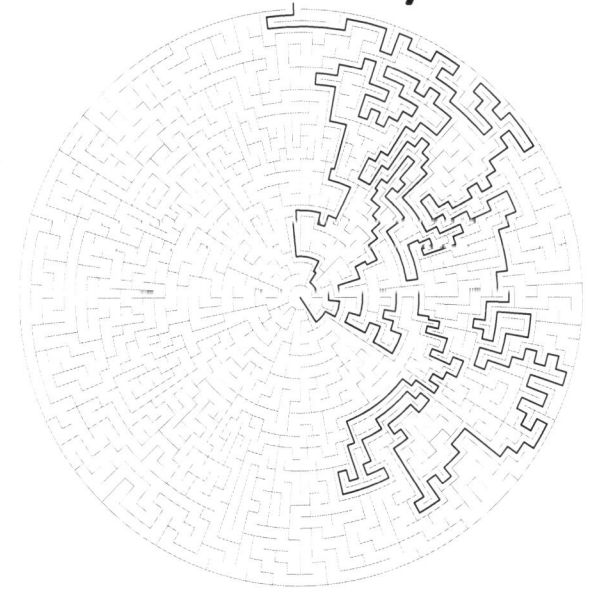

16. Flushed Away

Solutions

17. Turdsearch

```
C N W J G S U T K O U T B N S Y M
T S E L K N I R P S K C C Z Q W A
C B K F I N J E P Z P N B K F Z H
O V H O C Z E J E J T L D E H X H
W A C E L B B I R D R S O L J S N
S K L G H U V Q G E I F K O G Q
P D E G S S P N S V C A P L H F T
L O U O E S I D V P K H S G L N H
H U Q T P B O W E H L S X Y R P B
B I S K R X S M S S E A I K C Y K
O A P L H C K D R I P L T H A M U
B R I O U Z G S B L K P V T U H I
R D Y O L I X R K P I S Q V E S T
W Y A R P S Z V P S M O M L D R I
M G Y A L N G U R G L E D G H I O
U V E T O W G I P P F H Q H U N Z
M E B K P N E J T B U B B L E V S
```

18. Floaters

The long word is CONVENIENCE. Other words to find include: conceive, cone, convene, convince, cove, coven, eon, eve, even, evince, ice, innocence, nee, neon, nice, niece, nine, none, novice, once, one, oven, vein, vice, vie, vine and voice.

19. Drop and Plop

FART WART WARD WAND WIND

Solutions

20. Thinking Time
c. 23 million

21. Can-agrams
POTTY MOUTHED

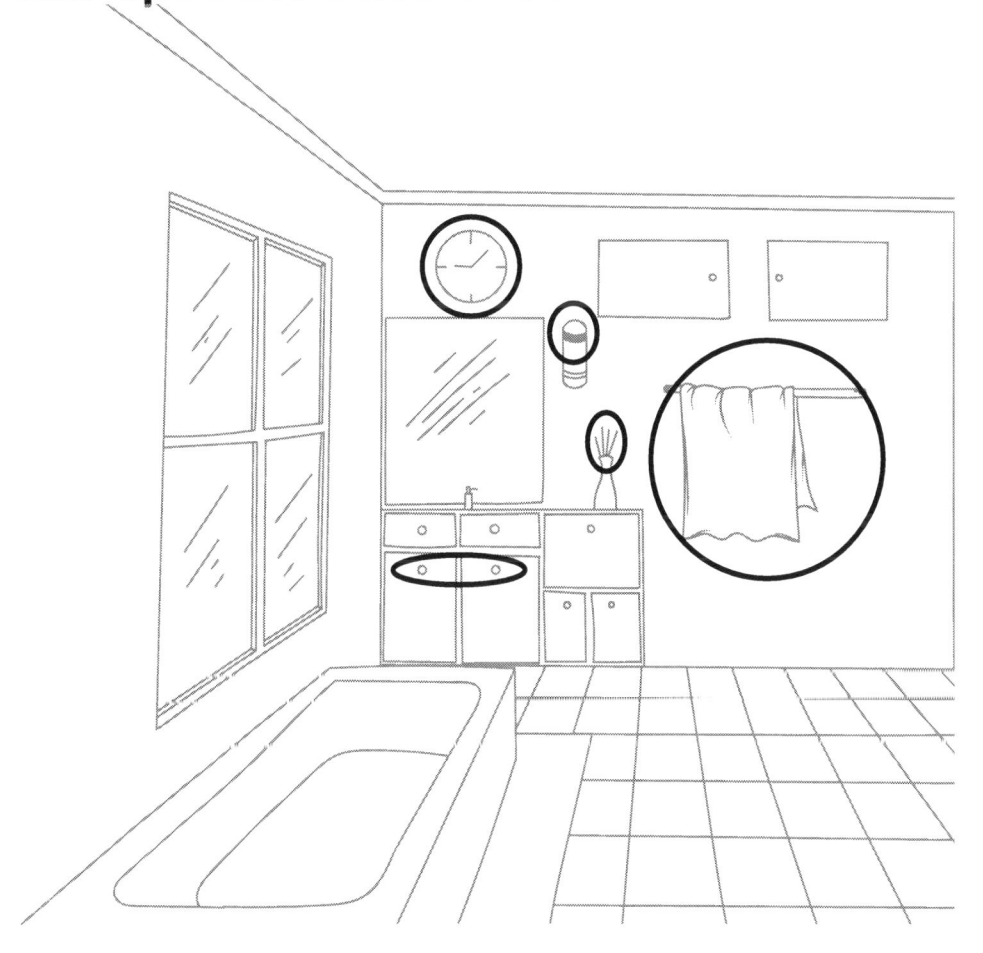

22. Spot the Difference

Solutions

23. N° 2 Poo-doku

2	6	8	9	3	1	4	7	5
7	9	1	5	4	6	2	3	8
4	5	3	8	2	7	9	1	6
1	7	9	6	8	2	3	5	4
3	2	4	7	1	5	6	8	9
6	8	5	3	9	4	1	2	7
8	1	2	4	7	9	5	6	3
5	4	7	2	6	3	8	9	1
9	3	6	1	5	8	7	4	2

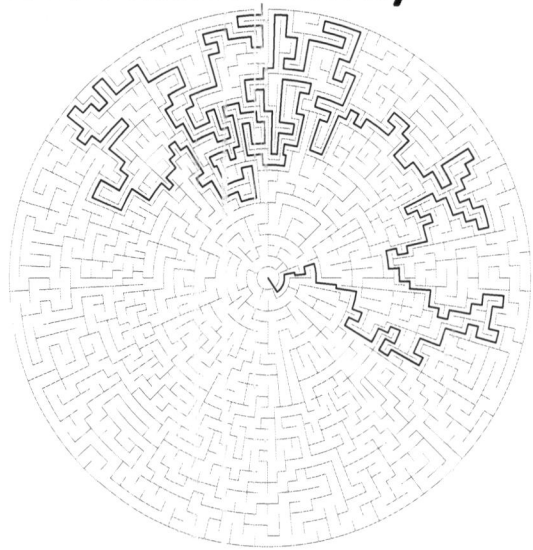

24. Flushed Away

Solutions

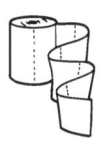

25. Turdsearch

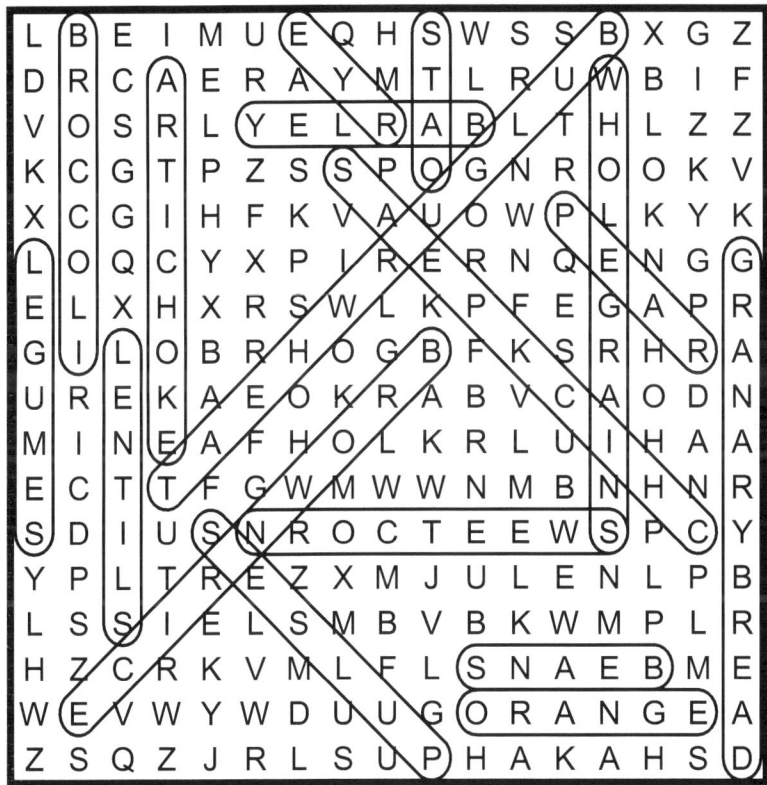

26. Floaters

The long word is PORTALOO. Other words to find include: alto, atop, loop, loot, lop, lot, oar, opal, opt, oral, patrol, plot, pol, polar, polo, pool, poor, port, portal, pot, pro, root, rot, taro, too, tool, top, tor, and troop.

27. Drop and Plop
SOAP SLAP SLOP SLOG CLOG

Solutions

28. Thinking Time
c. George II

29. Can-agrams
TAKE A LEAK

30. Spot the Difference

Solutions

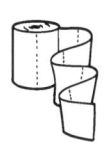

31. N° 2 Poo-doku

9	2	8	3	4	7	6	1	5
4	5	7	1	2	6	3	9	8
6	3	1	9	5	8	4	2	7
2	4	6	8	1	5	9	7	3
5	8	3	4	7	9	1	6	2
1	7	9	6	3	2	5	8	4
3	9	4	7	8	1	2	5	6
7	1	2	5	6	4	8	3	9
8	6	5	2	9	3	7	4	1

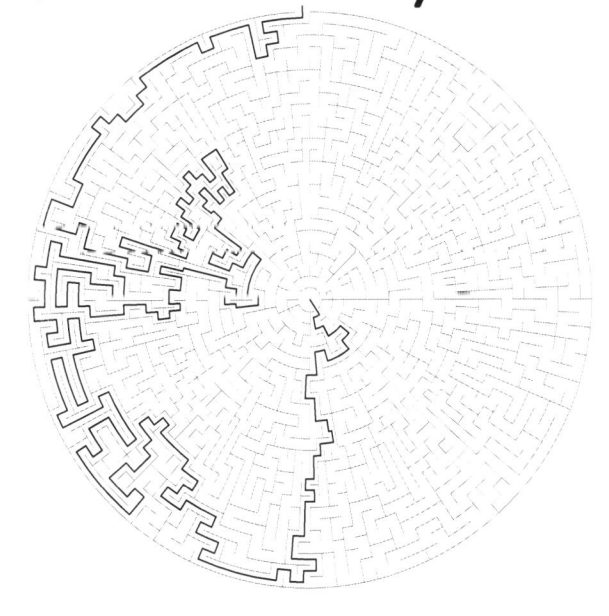

32. Flushed Away

Solutions

33. Turdsearch

```
J Z L J K F O M D L F L A P P E R
N V R E Y R C Y X A T Q W T C S D
N A D X Y Z O P U E D J P G D O N
A L H A D E R Z K S V P D Q K F E
Z V G X A E O W G C X N E S T Z B
K E H U Y I F F A T O S L Q N M U
T D S X I W G Y N K O C B U G U G
V L F L U I D L E V E L O I N V
U H B V E C N Y L N A S T L Y A
F K D B D R C I S T E R N W A J C
G E A N I A H C R L V W O V T B O
S A B J U A M A K S C B L G G X M
L E K Z N O P B S D T L E D E T I
Y X A D E M J F L A N G E U P A T
I K L T K F E B O N O H P I S O V
M E X F K R C F G J J C P C N L P
B B L D J B K N A T S E Z U Z F E
```

34. Floaters
The long word is CUBICLES. Other words to find include: club, clubs, clue, clues, cub, cube, cubes, cubic, cubicle, cubs, cue, cues, ice, ices, lice, sic, slice and sluice.

35. Drop and Plop
SINK SINS TINS TANS TAPS

Solutions

36. Thinking Time
d. 19th November

37. Can-agrams
POWDER YOUR NOSE

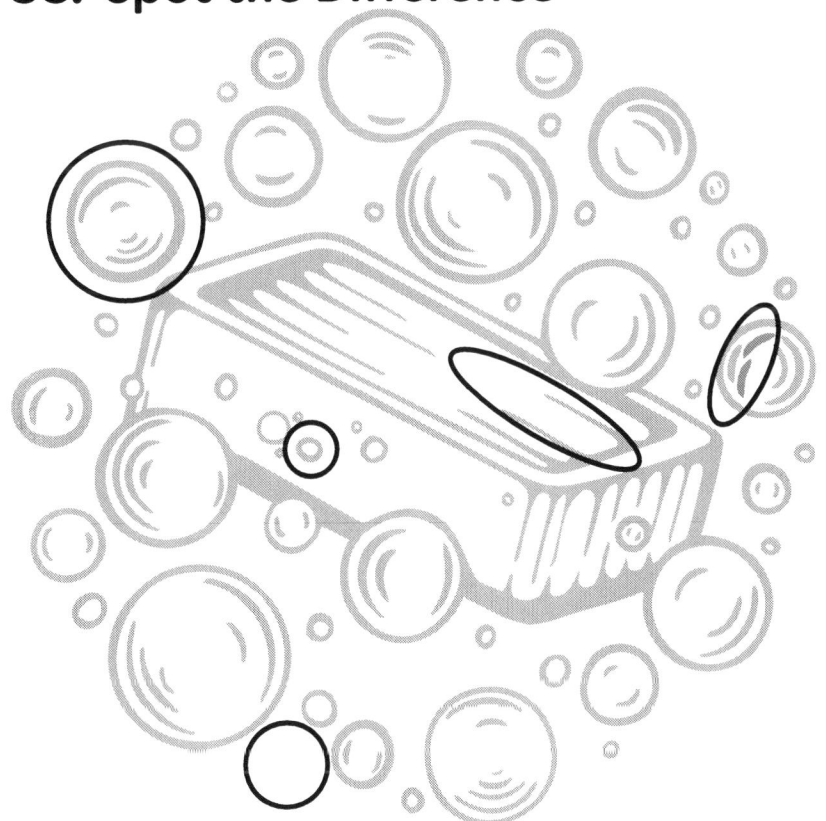

38. Spot the Difference

Solutions

39. N° 2 Poo-doku

2	7	8	5	4	9	1	6	3
6	5	1	8	3	7	2	4	9
9	3	4	6	2	1	8	5	7
4	8	7	1	9	2	6	3	5
5	9	6	3	8	4	7	1	2
3	1	2	7	6	5	4	9	8
1	6	3	9	7	8	5	2	4
7	4	9	2	5	6	3	8	1
8	2	5	4	1	3	9	7	6

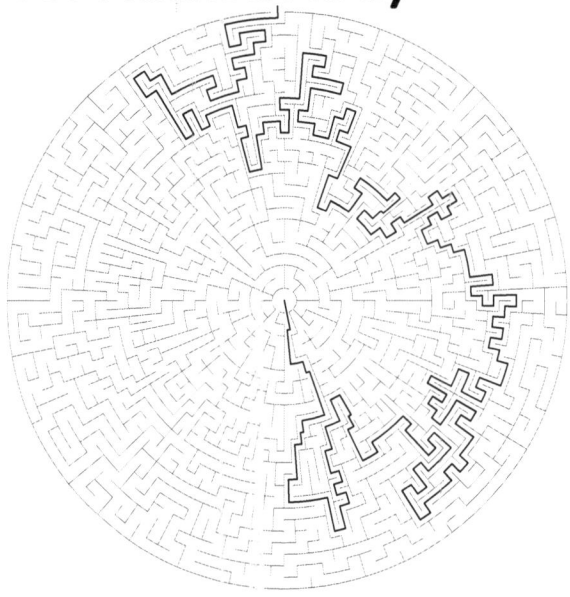

40. Flushed Away

Solutions

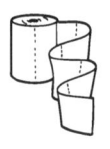

41. Turdsearch

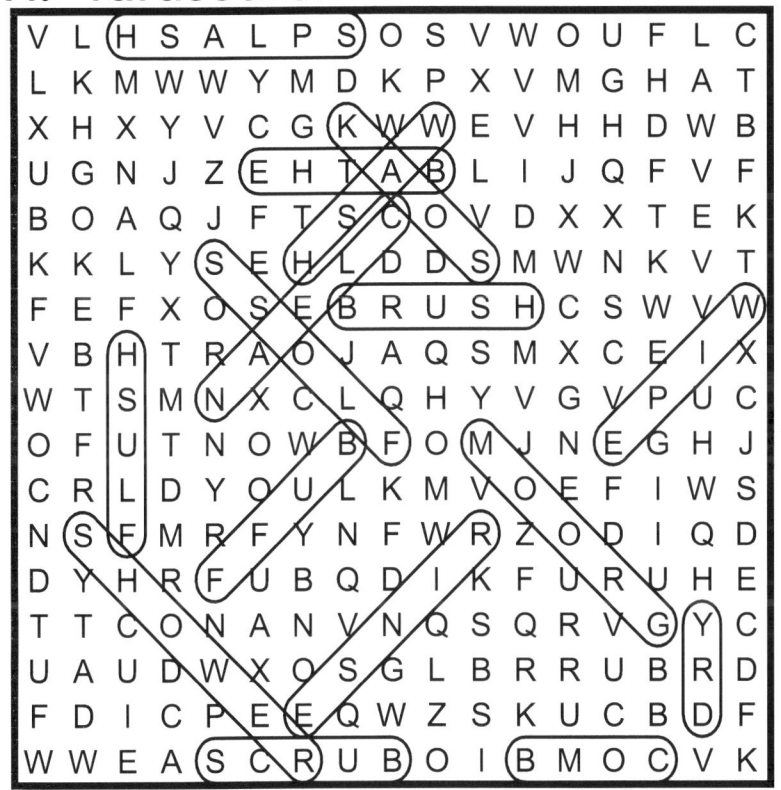

```
V L H S A L P S O S V W O U F L C
L K M W W Y M D K P X V M G H A T
X H X Y V C G K W W E V H H D W B
U G N J Z E H T A B L I J Q F V F
B O A Q J F T S C O V D X X T E K
K K L Y S E H L D D S M W N K V T
F E F X O S E B R U S H C S W V W
V B H T R A O J A Q S M X C E I X
W T S M N X C L Q H Y V G V P U C
O F U T N O W B F O M J N E G H J
C R L D Y O U L K M V O E F I W S
N S F M R F Y N F W R Z O D I Q D
D Y H R F U B Q D I K F U R U H E
T T C O N A N V N Q S Q R V G Y C
U A U D W X O S G L B R R U B R D
F D I C P E E Q W Z S K U C B D F
W W E A S C R U B O I B M O C V K
```

42. Floaters

The long word is LAVATORY. Other words to find include altar, alto, aorta, art, arty, larva, lava, lay, oar, oral, ova, oval, ovary, rat, ray, royal, tar, taro, tray, vary, vat and votary.

43. Drop and Plop
BODY BODE BADE BASE BASH WASH

Solutions

44. Thinking Time
a. Sewers

45. Can-agrams
BETTER OUT THAN IN

46. Spot the Difference

Solutions

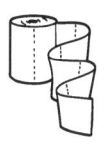

47. N° 2 Poo-doku

4	5	8	1	9	2	7	3	6
7	6	3	8	4	5	9	1	2
9	1	2	6	3	7	8	5	4
6	4	7	3	8	1	2	9	5
5	8	1	9	2	4	3	6	7
3	2	9	7	5	6	4	8	1
8	7	4	5	6	3	1	2	9
1	3	6	2	7	9	5	4	8
2	9	5	4	1	8	6	7	3

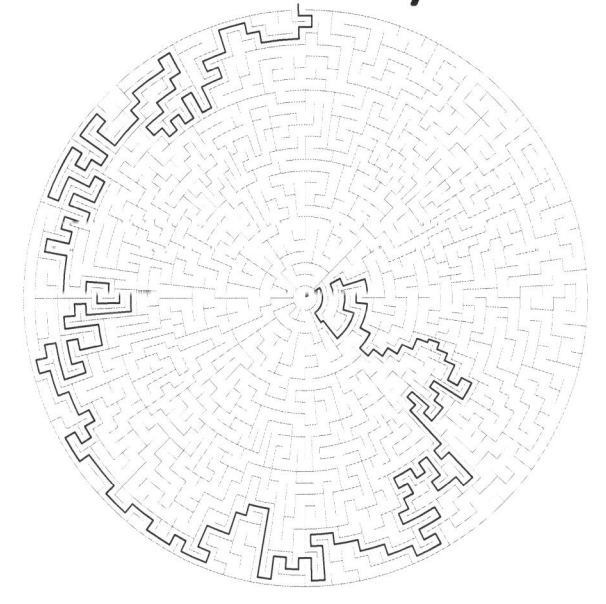

48. Flushed Away

Solutions

49. Turdsearch

50. Floaters

The long word is FLATULENCE. Other words to find include: ace, acne, act, acute, cafe, calf, call, can, cane, cant, cat, cell, cent, clan, clean, cleat, clef, cleft, clue, cue, cull, cult, cut, cute, elect, enact, face, facet, fact, faucet, fence, lace, lance, lancet, talc, uncle and unlace.

Solutions

51. Drop and Plop
SOFT SOOT SLOT SLOP PLOP

52. Thinking Time
d. Argentina

53. Can-agrams
NUMBER TWO

54. Spot the Difference

Solutions

55. N° 2 Poo-doku

7	3	9	1	5	2	4	8	6
4	1	6	9	8	3	7	2	5
8	2	5	6	7	4	1	3	9
1	5	8	7	3	6	2	9	4
6	4	7	2	9	1	3	5	8
3	9	2	5	4	8	6	1	7
5	6	4	3	1	9	8	7	2
2	7	1	8	6	5	9	4	3
9	8	3	4	2	7	5	6	1

56. Flushed Away

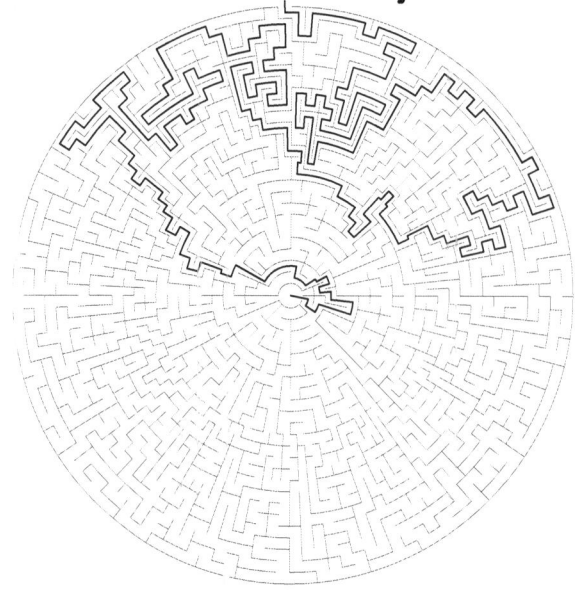

Solutions

57. Bonus Time
1. c. 35
2. b. Water closet
3. c. A sponge on a stick
4. d. 1942

NOW WASH YOUR HANDS

Printed in Great Britain
by Amazon